ÉMILE VANDERVELDE

TROIS ASPECTS

DE LA

RÉVOLUTION RUSSE

7 MAI — 25 JUIN 1917

BERGER-LEVRAULT, LIBRAIRES-ÉDITEURS

PARIS
5-7, RUE DES BEAUX-ARTS

NANCY
RUE DES GLACIS, 18

TROIS ASPECTS

DE LA

RÉVOLUTION RUSSE

ÉMILE VANDERVELDE

TROIS ASPECTS

DE LA

RÉVOLUTION RUSSE

7 MAI-25 JUIN 1917

BERGER-LEVRAULT, LIBRAIRES-ÉDITEURS

PARIS — 5-7, RUE DES BEAUX-ARTS

NANCY — RUE DES GLACIS, 18

1918

AVANT-PROPOS

Ce petit livre est une œuvre collective, dont mes collaborateurs et amis Louis de Brouckère et Henri de Man ont la plus grande part.

Nous y racontons, au jour le jour, le voyage que nous fîmes en Russie, pour apporter à la Révolution russe le salut du Parti ouvrier belge et pour discuter, avec nos camarades de Petrograd, les questions relatives à la Conférence internationale de Stockholm.

Partis de Londres le 6 mai 1917, nous sommes arrivés à Petrograd le 18 mai, après un arrêt de trois jours à Stockholm. Nous y sommes restés jusqu'au 5 juin, sauf une brève visite de deux d'entre nous à Moscou. Ensuite, sur l'invitation du général Alexeieff, nous avons passé quinze jours au front, puis en Roumanie, pour rentrer à Petrograd le 24 juin et en partir pour Le Havre, via Stockholm, le 25 juin.

Les cinq semaines que la Mission socialiste belge passa en Russie lui permirent de voir bien des choses et d'interroger bien des gens. Elle a rendu visite aux comités d'ouvriers et de soldats, comme aux ministres, socialistes et « cadets ». Elle a rencontré des représentants de toutes les tendances politiques, depuis des nationalistes polonais jusqu'aux anarchistes installés dans la villa Dournovo. A Petrograd, comme à Moscou et à Kieff, elle a vu les organisations ouvrières, interviewé les membres de la colonie belge, les chefs des associations patronales. Elle a pris contact avec la foule, — nous avons parlé devant près de cent mille personnes — comme avec les leaders. Elle a entendu les pessimistes comme les optimistes. Elle a pu se rendre compte des difficultés énormes de l'heure présente. Mais, aussi, elle a noté, avec une sympathie attentive et profonde, toutes les raisons qui, malgré tout, permettent à la jeune démocratie russe d'avoir foi dans ses destinées.

Cette foi, elle la partage et en dit les raisons ci-après.

Émile VANDERVELDE.

INTRODUCTION

C'est le 7 mai que nous partîmes, d'un port d'Écosse, pour Petrograd, via Bergen et Stockholm.

Tout de suite, notre contact s'établit avec la Révolution russe.

Il y avait à bord des représentants de toutes les grandes nations alliées : six officiers japonais, une mission militaire anglaise, des industriels français et, surtout, des Russes rentrant d'exil. Ils emplissaient les cabines, s'entassaient dans le fumoir ou le dining-room, débordaient même sur le pont où beaucoup, par cette froide et pluvieuse nuit du Nord, allaient passer de longues heures, la ceinture de sauvetage autour de la taille, grillant d'innombrables cigarettes, et parlant de la paix et de la guerre, de Lenine et de Kerensky.

Des amis que nous avions parmi eux nous

mirent en rapport avec deux soldats venant du front de Champagne et délégués par leurs camarades auprès du Soviet de Petrograd.

L'un était socialiste, secrétaire d'un syndicat d'employés avant la guerre. L'autre, un comptable, d'origine paysanne, avait des tendances révolutionnaires, mais sans se rattacher à un parti déterminé.

Ils nous dirent leurs expériences.

Lorsque la nouvelle de la Révolution arriva au front occidental, beaucoup de soldats des brigades russes entrèrent en révolte et voulurent se livrer à des voies de fait contre leurs officiers. Mais nos deux délégués s'interposèrent et parvinrent à canaliser le mouvement. On élut quatre délégués par compagnie et, ensemble, ils choisirent une députation qui se rendit auprès du haut commandement. Lorsque les membres de cette députation se présentèrent au quartier général, on les menaça d'arrestation. Ils répondirent : « Vous ne trouveriez personne pour nous arrêter. » On leur dit que, s'ils ne rentraient pas dans l'obéissance, une division française était prête à marcher contre eux : « Les Français sont trop intelligents pour faire pareille chose. » Et, sans doute, on se souciait peu de tenter l'expérience, car, en fin de compte, l'organisation des soldats fut tacitement reconnue. Lorsque les deux délégués demandèrent une permission pour se rendre à Petrograd, l'officier supérieur auquel ils s'étaient adressés se borna à leur dire : « Pouvez-vous me promettre que, vous partis, je ne serai pas tué par mes hommes ? »

A en croire nos informateurs, — et l'événement paraît avoir prouvé que, pour l'une des deux brigades, ils disaient vrai, — la discipline n'aurait pas trop souffert de cet esclandre et le moral des troupes aurait même été meilleur qu'auparavant.

A l'annonce de la Révolution, les soldats russes de Champagne dirent : « Maintenant nous allons pouvoir nous battre à fond contre les Allemands. »

Ou bien : « Si nous mourons, nos femmes et nos enfants ne seront pas dans la misère ! »

Dans ces conditions, ajoutèrent les délégués, on a bien tort de croire en France que les Russes songent à une paix séparée, qui déshonorerait la Révolution et la livrerait sans défense au bon plaisir des monarchies centrales.

C'est la même note que nous devions retrouver constamment, même chez les zimmerwaldiens, même chez les extrémistes, ou du moins chez ceux des extrémistes qui n'étaient point des agents secrets de l'Allemagne.

Certes, parmi nos compagnons de route, que nous retrouvâmes quelques jours après, dans le train de Stockholm à Petrograd, nombreux étaient les révolutionnaires qui aspiraient ardemment à la paix « afin de pouvoir, — suivant le mot de Clemenceau, — se consacrer entièrement aux douceurs de la guerre civile. » Mais, si intransigeant que fût leur pacifisme, si impatient que fût leur désir de voir se conclure, à tout prix, la paix générale, force leur était de reconnaître que, si la Révolution russe était seule à faire la paix, la Révolution russe serait perdue.

Sauf sur ce point, d'ailleurs, il eût été bien difficile de trouver une pensée commune chez ces exilés qui rentraient au pays, après des années d'absence, les uns venant de Suisse, par l'Allemagne, les autres arrivant de France, d'Angleterre, des États-Unis ; quelques-uns de ceux-ci, — pas tous, — avec le ressentiment amer des tracasseries policières dont ils avaient été victimes ; la plupart de ceux-là, avec l'empreinte très forte des leçons prises à l'école du socialisme allemand.

Pendant les trois jours que dure le voyage de Stockholm à Petrograd, — avec une interruption de douze heures, en plein mois de mai, pour le passage des glaces de la Tornea, — nous eûmes l'occasion d'échanger quelques mots avec un des maximalistes qui devaient, peu après, être, avec Lenine, l'âme des insurrections de Cronstadt et de Petrograd : le citoyen Trotsky, à qui, libéralement, le Gouvernement provisoire avait accordé des passeports pour venir le combattre.

Il arrivait du Canada, avec un état-major de partisans, plein de colère et de rancune contre les Anglais, qui l'avaient interné à Halifax pendant quelques jours, contre les socialistes comme nous, qui croyaient à la nécessité de poursuivre la guerre, contre Kerensky, contre les minimalistes, contre tous ceux qu'il accusait de compromission avec la bourgeoisie, de concessions au militarisme et à l'impérialisme.

A peine la frontière de Finlande était-elle franchie, que nous assistâmes au début de la propagande.

Dans les gares, pleines de soldats, en lourdes capotes kaki, avec leurs bonnets d'hiver en peau de mouton, il improvisait des meetings ; il parlait de Stockholm ; il célébrait la Révolution ; proclamait le devoir, pour le prolétariat international, d'en finir au plus tôt avec les horreurs de la guerre.

Mais à cette propagande que, seule, la cloche du départ venait interrompre, répondait une contre-propagande, non moins active et non moins prolixe.

Il y avait dans le train plus de trois cents médecins militaires russes, qui venaient d'être libérés, après avoir été, depuis le début de la guerre, prisonniers en Allemagne.

Aux soldats que venait d'entreprendre Trotsky, ils racontaient les souffrances de leurs compatriotes, le martyre de deux millions d'hommes, en proie à la famine et au typhus, abandonnés à eux-mêmes, laissés sans médicaments, fustigés, exposés au soleil pour la moindre peccadille, ayant déjà vu mourir depuis le début plus de trois cent mille de leurs camarades ! Et, pour appuyer leurs dires, ils montraient des photographies, ils lisaient des documents, ils invoquaient le témoignage de leurs compagnons de captivité.

On les écoutait et on les applaudissait, comme on avait écouté et applaudi les autres. Mais dans cette foule, qui était tout yeux, tout oreilles, tout le monde restait calme.

Entre les contradicteurs mêmes, car souvent les deux groupes se prenaient à partie, pas un gros mot, pas une expression malsonnante. Nous faisions l'expérience déjà de cette bienveillance, un peu apathique peut-être, à l'égard de toutes les théories, de cette sociabilité, de cette aptitude à vivre en anarchie, qui fut un des étonnements de notre séjour en Russie.

Notre train devait arriver à Petrograd le troisième jour, au début de la soirée. Mais il fallait compter avec le désarroi du transport. C'est à 6 heures du matin seulement que nous fûmes à la gare de Finlande. Quelques compatriotes, qui avaient passé la nuit, nous attendaient avec le drapeau national, tandis que, dans une floraison de drapeaux rouges, avec des lettres blanches sur or, des inscriptions pacifistes, quelques centaines de maximalistes faisaient escorte à Trotsky.

L'instant d'après, on nous conduisait à l'hôtel de l'Europe, où nous étions les hôtes du Gouvernement provisoire.

TROIS ASPECTS

DE LA

RÉVOLUTION RUSSE

CHAPITRE I

LA RÉVOLUTION A PETROGRAD

Renan, parlant de la Révolution française, disait : « Il serait absurde de vouloir imposer nos petits programmes de bourgeois sensés à un mouvement extraordinaire si fort au-dessus de notre taille. »

Ceux qui prétendent d'ores et déjà porter un jugement sur la Révolution russe feraient bien de méditer ce conseil. Jamais révolution plus radicale ne fut, en même temps, plus rapide. De la prise de la Bastille à la chute de Louis XVI, il y a trois ans. De l'abdication du Tsar à l'avènement de la République russe, il y a trois jours. Et, pendant ces trois jours, on a vu s'effondrer, non pas seulement le tsarisme, mais la Douma, et les zemstvos et toutes les institutions plus ou moins libérales qui étaient nées du mouvement de 1905.

Notre première visite, en arrivant à Petrograd, fut au Palais de Tauride, où siégeait le Soviet.

Vandervelde y était allé, quelques semaines avant la guerre, à la fin de juin 1914. Maxime Kovalewsky, qui devait mourir, six mois après, des suites de sa captivité en Allemagne, l'avait présenté au président Rodzianko. Il avait signé au *Livre d'or,* immédiatement après l'Impératrice douairière, venue pour la première fois au Palais de Tauride quelques jours auparavant. On l'avait photographié, dans les jardins, avec Tscheidze, aujourd'hui président du Soviet, avec Skobeleff, devenu ministre du Travail, avec les quatre membres socialistes de la Douma, qui, pour l'accueillir, avaient fait trêve à leurs discussions.

Dès alors, quiconque venait en Russie et avait des yeux pour voir, se rendait compte que l'opposition au régime comprenait toutes les classes et tous les partis, que le tsarisme n'avait plus d'autres soutiens que ses bénéficiaires et ses parasites.

Mais qui eût pensé, par ce beau mois de juin où l'Europe se mettait en vacances, que la guerre des mondes était imminente et que, trois ans après, le Tsar serait prisonnier, que le drapeau rouge flotterait sur le Palais d'Hiver et sur Pierre-et-Paul, que la Douma elle-même serait mise à la porte par la Révolution triomphante !

A sa place, depuis les journées de mai, se sont installés les membres du Comité des Ouvriers et Soldats.

La grande salle est vide. Elle ne se remplit qu'aux grands jours, lorsque les 2.500 délégués du Soviet se réunissent en assemblée plénière. Dans les couloirs, dans les salles de commission, des soldats dorment, boivent du thé, mangent de la bouillie de gruau. Cela tient du corps de garde et de la cuisine populaire. Albert Thomas, qui est avec nous, dit : « Je comprends mieux la Commune. » Il y a partout des sentinelles, baïonnette au canon, cocarde rouge à la boutonnière : la Révolution est bien gardée. Mais nos papiers sont en règle et l'on nous introduit auprès du Comité exécutif.

C'est Tscheidze qui préside. Skobeleff est à ses côtés. Nous reconnaissons encore quelques autres camarades, rencontrés naguère dans ce même Palais de Tauride ou dans les congrès de l'Internationale. Mais que de figures nouvelles ! La Sibérie a rendu ses déportés. L'émigration révolutionnaire est rentrée dans ses foyers.

Parmi les membres du Comité exécutif d'ailleurs, tous ne sont pas Russes. Sans parler des Juifs, très nombreux, Mme Koloutay, qui siège parmi les leninistes, est Finlandaise. Et voici Rakowski, le leader socialiste de Roumanie, dont on n'a jamais su exactement s'il était Roumain ou Bulgare et qui, mis en prison par le Gouvernement de Jassy, a été délivré par les soldats russes.

Dans cette assemblée composite, l'accueil est d'une courtoisie pleine de réserve.

On applaudit cependant, lorsque Albert Thomas annonce que, en France, les socialistes entrent en campagne pour une politique inspirée des principes de la Russie nouvelle.

Nous apportons, à notre tour, le salut des ouvriers belges à la Révolution. Nous marquons, en même temps, ce qui nous rapproche et ce qui nous divise. On parle de Stockholm. Nous disons nos répugnances. Nous marquons notre sentiment sur l'inutilité et les dangers d'une rencontre avec les socialistes majoritaires. Mais, de part et d'autre, les positions sont prises. On échangera des notes, cependant. On fixera, le cas échéant, de nouveaux rendez-vous.

En attendant, nous allons prendre contact, non plus cette fois avec les leaders, mais avec les foules.

Au cirque Tschinizelli, les marins de la Mer Noire, qui sont depuis le premier jour les plus fervents apôtres de la Révolution armée, avaient organisé une grande réunion politique.

On y entendit, avec les délégués belges, — formidablement ovationnés — l'ambassadeur des États-Unis, les chefs des missions militaires de France et de Grande-Bretagne, les ministres de Roumanie et de Serbie. Ce dernier achevait son discours, lorsque, parmi ces milliers d'hommes, un immense mouvement d'attention se produit. Tout le monde se lève. Des acclamations retentissent. Et, dans la ci-devant tribune impériale, un homme paraît, vêtu de kaki, comme un simple soldat : c'est Kerensky.

Celui qui, trois mois après, dira au Congrès de Moscou : « Vous devez obéissance au pouvoir suprême, et à moi, qui en suis la tête », est un jeune homme de trente-quatre ans, pâle et de chétive apparence. On dit qu'il est gravement malade, qu'en s'imposant un travail surhumain, c'est sa vie même qu'il donne à la Révolution. Et c'est peut-être un des secrets du prestige qui l'entoure. On ne saurait dire qu'il est éloquent. Ni la flamme d'un Jaurès ni la subtile dialectique d'un Victor Adler. La voix est rude ; la parole est sans art. Mais il y a, dans cette parole, ce magnétisme mystérieux qui entraîne les foules, qui les mène au feu, qui suscite des martyrs.

Nous retrouvâmes Kerensky, bientôt après, dans ce ministère de la Guerre, où il venait de s'installer. Un grand-duc attendait dans l'antichambre. Le personnel de l'ancien régime était toujours là, pour introduire les visiteurs. Mais où avait vécu Soukhomlinoff, aujourd'hui à Pierre-et-Paul, nous trouvâmes, avec le nouveau ministre, Mme Bereschoska, la grand'-mère de la Révolution, cette admirable vieille femme qui, à quatre-vingts ans, après vingt ans de Sibérie, trouve encore la force physique et morale de parcourir l'immense Russie, prêchant la guerre révolutionnaire et communiquant à tous la flamme brûlante de sa passion.

Quand elle sut que nous étions Belges, que nous venions de la part des prolétaires de Belgique, elle vint vers nous et nous embrassa maternellement.

Nous quittâmes nos hôtes, émus et réconfortés. La glace était rompue. Le véritable contact était établi. Nous avions senti, tout contre nous, battre le cœur du peuple russe. Et, pendant les trois semaines que nous passâmes à Petrograd, cette impression ne fit que se fortifier.

Il faut avoir vécu de telles journées, pour

savoir ce qu'est l'enthousiasme des premières semaines d'une grande Révolution.

Au Champ-de-Mars, où les morts de la Révolution ont été enterrés, des cortèges défilaient, chaque dimanche, du matin au soir, apportant des fleurs et des couronnes d'immortelles. Sur la Perspective Newsky, où même à la *Novoïe Vremia,* même au Crédit Lyonnais ou a la Banque de Sibérie, on avait arboré le drapeau rouge, des foules en fête se pressaient, pour le seul plaisir de fraterniser, d'improviser des réunions, d'acheter des livres, défendus hier encore, de respirer enfin l'air de la liberté. Au Conservatoire, à la Maison du Peuple, dans les théâtres impériaux, on donnait, sans relâche, des concerts-conférences, où la musique presque toujours était excellente et où des milliers d'auditeurs acclamaient, jusque très tard dans la nuit, les principaux orateurs de la Révolution.

Il eût été difficile, au surplus, de dire à qui allaient les préférences politiques de l'Assemblée. Maximalistes et minimalistes, bolcheviki et mencheviki, leninistes et partisans de Kerensky ou de Plekhanoff, se succédaient à la tribune, sans que, de leur contradiction, naquît le moindre tumulte, le plus léger désordre.

Partout ailleurs, nous osons le dire, à Londres, à Paris, à Bruxelles, de telles assemblées eussent été impossibles, sans que l'on en vienne aux coups, sans que, tout au moins, les clameurs de la foule couvrent la voix des orateurs.

Ici rien de pareil. L'anarchie, l'absence d'autorité était complète. Mais la liberté de la parole était absolue. La Révolution faisait elle-même sa police, avec une admirable impartialité.

On objectera sans doute que, peu de semaines après, ces mêmes foules descendaient dans la rue, que les anarchistes de Petrograd donnaient la main aux insurgés de Cronstadt, que, sous prétexte d'expropriations, des malfaiteurs de droit commun pillaient les boutiques, dévalisaient les banques, s'installaient dans les villas ou les palais abandonnés par leurs propriétaires.

Mais qui dira les exagérations énormes publiées à ce sujet par les journaux à sensation de Paris ou de Londres ? Bien plus, qui dira le nombre fantastique de fausses nouvelles qui circulaient, à Petrograd même, quand l'opinion était nerveuse, quand la *Pravda* (« la Vérité »), le journal de Lenine, annonçait une manifestation ?

Un beau dimanche, par exemple, on vint nous dire que la République de Cronstadt avait ouvert les hostilités ; qu'un cuirassé bolchevik s'était embossé dans le canal maritime, à sept verstes de la capitale ; que les obus de gros calibre tombaient déjà dans les faubourgs. « Je les ai vus éclater, nous dit un compatriote, et vous savez que je suis observateur d'artillerie : ce sont des 210 et l'on tire sur un dépôt de munitions. » Renseignements pris à la meilleure source, il n'y avait pas de cuirassé dans le canal ; tout était tranquille à Cronstadt ; mais un incendie, purement accidentel, s'était déclaré dans un grenier à foin !

Quelques jours après, nouvelle alerte.

Les leninistes avaient décidé la Révolution, ou du moins une manifestation en armes pour le lendemain à 1 heure de l'après-midi. Elle partirait de la gare de Finlande. Les anarchistes installés dans la villa Dournovo avaient promis leur concours. Ils étaient plus de 10.000, avec 12 canons !

A l'heure dite, nous y allâmes voir. Tout était calme au faubourg de Finlande. Des promeneurs paisibles lisaient le Manifeste du Gouvernement provisoire invitant les bons citoyens à rester chez eux. Nous nous rendîmes à la villa Dournovo, quartier général des anarchistes. Il n'y avait pas de canons. Il n'y avait pas 10.000 hommes, mais 35 personnes au plus, des anarchistes farouches, qui nous invitèrent courtoisement à visiter leurs locaux et à prendre un verre de thé.

En fait, nous ne croyons pas exagérer en disant que, pendant les trois mois qui suivirent la Révolution, et pendant lesquels il n'y eut pas à Petrograd un agent de police, pas un gendarme, pas un cosaque — rien qu'une milice de volontaires, sans effectifs et sans autorité — il n'y eut pas, dans cette ville de 2 millions d'hommes, où des foules, en longues files, faisaient queue pour obtenir un morceau de pain noir, il n'y eut pas, disons-nous, plus de délits, plus de méfaits, plus de désordres que dans les capitales si bien gardées de l'Europe occidentale.

A qui ou à quoi faut-il faire honneur de ce calme, de cette tranquillité relative, de ce déroulement presque paisible de la Révolution la plus subversive que le monde ait connue ?

Certes, en première ligne, au caractère même du peuple russe.

En Russie, l'homme du peuple, *quand il est à jeun,* est infiniment plus doux, plus maniable, plus sociable en un mot que l'ouvrier ou le paysan de nos pays.

Mais il faut qu'il soit à jeun.

En 1905, quand on trouvait de la vodka à tous les coins de rue, quand la foule en révolte commençait par piller les dépôts d'alcool, il y eut, dans beaucoup de villes, des scènes de bestialité affreuse : que l'on songe, par exemple, aux progrômes de Kischineff, aux massacres d'Odessa et des centres industriels de la Caspienne.

S'il en a été autrement, cette fois, c'est — de l'avis unanime — parce que la Révolution de 1917 a été une *révolution sans alcool.*

Assurément, la prohibition, pour être générale, n'est pas absolue.

On ne peut pas débiter de l'alcool, mais il n'est pas interdit d'en avoir chez soi, et, en y mettant le prix, on peut, dans certains restaurants, trouver du champagne de contrebande à 60 roubles la bouteille.

Il arrive aussi que, dans les rues, on croise un moujik abominablement ivre, qui a trouvé quelque part de l'alcool industriel, régénéré tant bien que mal.

Mais ce sont les inévitables fissures d'un système par ailleurs strictement appliqué.

En fait, il est actuellement à peu près impossible de trouver, dans les cafés ou les restaurants, non seulement de l'eau-de-vie, mais du vin ou de la bière. On ne voit sur les tables que de l'eau ou du kwass — du kwass blanc, du kwass rouge, du kwass noir — que l'on obtient en faisant fermenter du pain, et dont le degré alcoolique ne dépasse pas 1 ou tout au plus 2 °/o. L'abstinence totale, par conséquent, est à peu près obligatoire, et peut-être les hommes de l'ancien régime, qui ont eu tout au moins le mérite de cette réforme radicale, devront-ils la vie au fait de l'avoir décrétée.

Nous venons de noter quelques-uns des aspects les plus apparents, mais aussi les plus superficiels, de la Révolution à Petrograd.

On trouvera sans doute que ces impressions n'ont rien de sensationnel.

Parmi les publicistes de toutes nations qui se trouvaient en même temps que nous en Russie, beaucoup ne cachaient point leur désillusion : ils croyaient avoir trouvé dans la Révolution une occasion unique de bonne copie, et ils en étaient à se demander chaque soir s'ils auraient cent lignes à envoyer à leur journal.

En somme, les rues, à part les drapeaux rouges, les trams encombrés de soldats — et aussi la saleté — avaient leur aspect ordinaire. Les crises ministérielles n'étaient ni plus ni moins fréquentes qu'à Paris. La multitude même des réunions publiques les rendait à la longue insipides. La surface de la vie russe était restée très semblable à ce qu'elle était avant la Révolution : les serviteurs de l'ancien régime, dans les ministères, dans les administrations locales, étaient demeurés à leur poste, et, dans ce pays plus libre désormais que n'importe quel pays au monde, on nous signifia une seule défense :

lorsque nous visitâmes le musée de l'Ermitage, les huissiers nous firent observer qu'il était interdit de garder son chapeau sur la tête !

Pour se rendre compte, vraiment, de l'immense et chaotique transformation qui s'opérait, à la fois, dans les âmes et dans les conditions mêmes de la vie, il ne suffisait pas de regarder, d'observer le spectacle des rues. Il fallait interroger les gens, prendre contact avec les groupes, se rendre ailleurs qu'à Petrograd, visiter les armées, faire une enquête dans les usines.

Nous n'avions pour tout cela que deux mois à peine. Nous tentâmes l'effort cependant, en nous divisant la tâche. Vandervelde et de Man se rendirent à Moscou, où ils tombèrent en pleine grève générale des dvorniks (concierges) et des gens d'hôtel. De Brouckère se consacra plus particulièrement aux usines. Ensemble, sur l'invitation du général Alexeieff, nous fîmes une visite de quinze jours aux armées du Sud et du Sud-Ouest. Enfin, pendant toute la durée de notre séjour, nous continuâmes notre propagande pour la Belgique et nos pourparlers avec le Soviet.

On trouvera ci-après les observations que nous avons recueillies, à ce triple point de vue : industriel, militaire et politique.

CHAPITRE II

LA RÉVOLUTION DANS LES USINES

L'impression générale qui reste d'une série de visites dans les établissements industriels de Petrograd — les seuls que nous ayons eu l'occasion de voir — ne laisse pas d'être confuse et incertaine.

Mille forces sont à l'œuvre, dont les effets, sans doute, s'harmoniseront un jour, mais qui, pour le moment, s'opposent et se contrarient. L'action des unes peut n'être que momentanée, l'action des autres sera peut-être durable. Mais comment distinguer sûrement celles-ci de celles-là ? Telle, qui paraît aujourd'hui redoutable, sera, demain, neutralisée ou vaincue par quelque autre. Ou bien, elle agira suivant des lois nouvelles et se montrera féconde quand on la croyait destructrice. Telle autre, à peine apparente pour l'instant, développera puissamment dans l'avenir ses conséquences favorables ou funestes. Comment porter un jugement sur ce formidable chaos d'où va sortir un monde? Que sait-on? Que peut-on affirmer?

Il faudrait attendre, réfléchir, confronter la suite des événements avec les impressions premières...

Mais puisque la nécessité redoutable s'impose à nous de parler dès à présent, il ne nous reste qu'une ressource : écrire au conditionnel, avertir le lecteur que nos constatations sont forcément précaires, et nos conclusions hasardées.

I. — La jeunesse industrielle de la Russie.

La Russie reste essentiellement agricole. Près de 85 °/₀ de ses habitants vivent de la culture de la terre ou de l'exploitation des forêts. Mais il n'en faudrait point conclure que le pays se trouve dans l'état d'innocence industrielle. Que l'on n'aille pas se représenter l'ouvrier russe typique sous les traits du forgeron de village ou du cordonnier de petite ville. C'est un travailleur de la grande fabrique moderne et même ultra-moderne. L'usine géante domine, et son outillage représente souvent le dernier mot du progrès. Les établissements occupant plus de 1.000 ouvriers représentent une fraction plus considérable de l'équipement mécanique national qu'aux États-Unis!

La chose s'explique aisément par la jeunesse et la croissance économiques de l'ancien empire des Tsars. Les besoins de la fabrication nationale ne datent que d'hier, mais ils se développent avec une force et une rapidité surprenantes. Les usines, étant nouvelles, sont équipées d'après les dernières conceptions techniques, et, pouvant espérer un développement immense et prochain de leurs affaires, sont conçues d'après les plans les plus larges. Cela est vrai dans toutes les parties du territoire déjà touchées par l'industrialisation, au Donetz comme au Caucase pétrolifère, et même dans le district de Moscou, où l'industrie textile est pourtant relativement ancienne. Mais c'est à Petrograd surtout que le phénomène est frappant. On pourrait trouver dans d'autres coins du monde quelques usines plus gigantesques encore que les ateliers de construction Poutiloff. Mais nulle part, du moins dans les faubourgs d'aucune grande capitale, on ne compte un nombre aussi imposant d'établissements monstres, et on ne trouve une pareille masse de prolétaires travaillant pour le compte d'une aussi faible poignée d'employeurs.

Si cette constatation ne présentait qu'un intérêt technique, nous n'aurions eu garde d'insister, mais sa portée sociale est évidente et grave. Dans les grandes villes russes, les conditions classiques qui accentuent le conflit des classes et tendent à l'exaspérer se présentent toutes sous leur forme la plus aiguë : vastes agglomérations où la pensée révolutionnaire fermente ; amoncellement de la population dans de grands ateliers où le contact physique et, plus encore, la communauté du travail et de la misère, lui donnent conscience de ses griefs et de sa force ; contraste entre la multitude de ceux qui obéissent et le petit nombre de ceux qui commandent.

Ce n'est pas tout. La population des usines de Petrograd n'est pas même constituée de citadins habitués, adaptés au genre de vie qu'ils mènent, mais plutôt de paysans venus récemment de la campagne. Cette situation a été encore aggravée par la guerre : contrairement à ce qui s'est produit ailleurs, en effet, la plupart des ouvriers « qualifiés » d'ancienne date ont été enlevés à leur travail coutumier. Ils ont été requis pour le service de l'artillerie et des autres armes spéciales, dont ils ont fait des armes d'élite, aussi remarquables par leurs qualités techniques que par leur splendide esprit. Mais leurs places ont été prises, dans les usines, par de nouveaux contingents de campagnards, qui s'y trouvent maintenant en majorité écrasante. Ils arrivent de toutes les parties du territoire et, surtout, de sa périphérie. Ils sont de toutes races, de toutes civilisations. A côté du Finnois, on y trouve le Tartare. Ils viennent d'être arrachés à leur milieu d'origine. Ils sont déracinés, sans tradition commune, sans aucun des freins créés par la coutume. Ils n'ont aucune pratique de la liberté politique, puisque l'absolutisme ne leur a pas permis d'en acquérir. Ils n'ont qu'une pratique rudimentaire de l'organisation professionnelle, les unions ouvrières n'ayant joui avant la guerre que d'une tolérance trop précaire pour pouvoir s'établir fortement.

En voilà assez pour faire comprendre au lecteur la quantité vraiment extraordinaire de matières explosives qui se trouvent ainsi rassemblées.

*
* *

Est-ce à dire que la Russie soit à la veille de cette « révolution sociale » prévue par les théoriciens du socialisme ? Il faudrait pour le croire s'arrêter à une vue singulièrement superficielle des choses. La Révolution ouvrière suppose des conditions positives, constructives ; elle exige une capacité industrielle et politique dont le prolétariat urbain de la Russie n'a pas encore fourni la preuve et qu'il ne saurait acquérir en un jour. L'avenir du pays paraît d'ailleurs devoir être déterminé bien plus par la situation de son agriculture, qui intéresse directement l'immense majorité des habitants, que par l'état de son industrie. C'est, en définitive, le paysan qui demeure le vrai maître de la situation.

Est-ce à dire, d'autre part, que fatalement les matériaux accumulés doivent sauter, que nous soyons à la veille d'une conflagration formidable, d'une de ces convulsions sociales qui laissent un pays dévasté et pantelant ? Certes, il faudrait un optimisme singulier pour écarter dédaigneusement cette hypothèse. Mais il ne serait pas moins inconsidéré de déclarer l'explosion inévitable. La Russie est manifestement exposée à une crise du travail très grave, mais celle-ci n'apparaît pas, tant s'en faut, comme absolument impossible à conjurer.

Nous avons voulu voir les ouvriers de Petrograd chez eux, c'est-à-dire dans les ateliers où ils passent leur existence laborieuse. Nous les avons longuement interrogés. Nous avons eu des conversations prolongées avec leurs leaders et leurs organisateurs. Nous avons assisté à leurs réunions et participé même à leurs discussions. De notre enquête, aussi approfondie que les circonstances et le peu de temps dont nous disposions le permettaient, nous avons emporté le sentiment très net d'une extrême bonne volonté de la part de la fraction la plus intelligente et la plus techniquement habile de la classe ouvrière. Quant à la masse, elle manifeste un « sens social » fort intense et qui n'a besoin que d'être éclairé. Si les patrons, de leur côté, savent, comme on doit l'espérer, s'élever à la conscience de leurs responsabilités, si le Gouvernement, dont on peut attendre en ce moment bien des initiatives, sait agir avec une énergie avisée et prudente, la Russie peut traverser victorieusement l'épreuve actuelle et donner un grand et fructueux exemple au monde.

II. — Les revendications ouvrières.

Ce ne sont point les conditions de son salaire ou de son travail qui ont déterminé l'ouvrier russe à s'engager dans le mouvement révolutionnaire actuel. La Révolution fut dès l'abord politique, dans le sens le plus strict du mot. Elle était dirigée contre le tsarisme. Elle se proposait la conquête de la liberté. Si quelque considération d'ordre matériel s'y mêlait, c'était tout au plus la protestation contre la famine, résultant de la mauvaise organisation des transports. On sait, en effet, que les protestations des femmes obligées de faire queue, des nuits entières, devant la porte des boulangers et les manifestations organisées dans les usines pour soutenir leurs réclamations, furent la cause occasionnelle des événements.

Durant les premiers jours de l'ère nouvelle, dans la griserie de la victoire, on ne songea guère à présenter des revendications économiques. Un patron belge nous racontait qu'il avait, à ce moment, réuni ses nombreux ouvriers, pour leur proposer d'arrêter, de commun accord, suivant quelles bases on procéderait éventuellement à une revision des salaires que l'augmentation du prix de la vie paraissait devoir rendre bientôt nécessaire; mais son personnel l'avait arrêté dès les premiers mots, protestant qu'il ne pouvait être question de discussions d'intérêt, que depuis la Révolution tous étaient frères et qu'il ne demandait qu'à faire pour un frère ce qu'il avait, jusque-là, fait pour le patron !

Néanmoins, les travailleurs russes ne devaient pas tarder à en revenir à une conception un peu moins idyllique de la question sociale. Immédiatement après les journées révolutionnaires, l'ouvrier était encore dans la rue, ou s'il se trouvait par hasard à l'atelier, c'était pour y participer à quelque meeting, ou pour y célébrer le succès de la cause populaire. Ensuite, lorsqu'un peu de calme fut revenu, il songea sérieusement à reprendre la tâche coutumière. Mais, avec le labeur quotidien lui revinrent la conscience de ses misères, le sentiment de la fatigue et de la monotonie des longues heures de travail, le dégoût d'une vie caractérisée à la fois par le maigre ordinaire résultant des bas salaires et par les vexations constantes des contremaîtres ou des chefs d'équipe. Avec le réveil de ses griefs, devait inévitablement surgir la volonté d'en obtenir le redressement.

Or, qu'on ne l'oublie pas, les ouvriers des usines étaient à ce moment les maîtres de la Russie. Ils l'étaient dans toute la force du terme. Le Soviet qui les représentait, en même temps que la garnison, constituait le seul pouvoir politique capable de se faire écouter du pays, et eux seuls disposaient de la force, par leur milice, par leur association étroite avec les soldats, par leur cohésion surtout et leur propension à agir de concert. Il n'y avait ni police ni garde d'aucune espèce ; il n'y avait pas non plus d'autorité régulière, d'autorité morale reconnue, d'autorité traditionnelle subsistante, pour s'opposer à leurs volontés. Tout était en somme à leur discrétion. Faut-il s'étonner de ce qu'ils aient abusé parfois de leur toute-puissance momentanée? Pour qui veut réfléchir et tenir compte des circonstances, il paraît bien plus étonnant qu'ils n'en aient pas abusé plus souvent.

Car, à tout prendre, les revendications exagérées ou folles, les actes de violence contre les patrons ou les contremaîtres, ont été bien moins nombreux et bien moins graves que des reporters apeurés ou nerveux n'ont amené le public à le croire. Ils ont de toute façon été bien moins nombreux qu'ils ne l'eussent été probablement dans tout autre pays, en pareille conjoncture.

*
* *

Dès les premiers jours, les théoriciens du mouvement ont âprement discuté entre eux la question de savoir dans quelle catégorie il fallait ranger la Révolution qui commençait. Était-ce une révolution démocratique ou une révolution sociale? Ils apportaient dans ce débat toute leur ardeur, comme si baptiser le mouvement eût été plus important encore que de le faire.

Si la Révolution était simplement démocratique, son domaine était politique, elle ne touchait qu'indirectement au régime de l'usine. Si elle était sociale, au contraire, elle devait résoudre le problème de la propriété, et les travailleurs avaient pour devoir de s'emparer des usines. Nous n'étonnerons personne, au surplus, en disant que les travailleurs n'ont jamais accordé qu'une attention très relative à de telles distinctions. Ils ne se sont pas bornés à faire de la politique, mais ils ne se sont pas rendus maîtres des usines en se les appropriant. Ils y ont simplement exercé un pouvoir de fait. Ils y ont fait prédominer leur volonté, que les circonstances rendaient irrésistible.

L'histoire de cette hégémonie ouvrière sur les ateliers fourmille d'incidents curieux, comiques souvent, tragiques parfois. Nous voulons en raconter quelques-uns, choisis parmi les plus typiques. Mais nous n'oublierons pas la portée capitale de l'événement dont nous avons à traiter et, après en avoir signalé les aspects pittoresques, nous nous appliquerons à le comprendre dans ce qu'il a de profond.

III. — La question des contremaîtres.

Ce fut contre les contremaîtres et le personnel subalterne de direction que les ouvriers firent tout d'abord usage de leur puissance fraîchement acquise. Les fonctions du contremaître sont aussi ingrates que celles du sous-officier. La discipline rigide de l'atelier, la ponctualité inexorable du travail peuvent être nécessaires, mais elles ne sont assurément pas agréables, et le rôle de celui qui doit rappeler sans cesse les travailleurs à ces devoirs pénibles n'est pas de nature à lui attirer des sympathies. Il est presque toujours mal vu, même quand il a raison ; *a fortiori* quand il a tort, quand il est brutal, quand il est injuste, quand il abuse de son pouvoir, très étendu en somme, pour favoriser ses créatures ou rendre la vie impossible à ceux qui se refusent à faire le sacrifice de leur dignité d'homme. Or, le cas est en tout pays plus fréquent qu'on ne pense, et nous n'étonnerons personne en disant qu'en Russie il était plus fréquent qu'ailleurs ; d'abord parce que la tyrannie politique et policière facilitait, sollicitait en quelque sorte, toutes les autres formes de l'abus de pouvoir ; ensuite, parce que dans un milieu plus primitif, où la capacité technique élevée est plus rare parmi les ouvriers, le contremaître expert et exercé dominait son monde de plus haut que dans les ateliers occidentaux ; enfin et surtout, parce que, une proportion considérable des surveillants et techniciens étaient des étrangers, Anglais, Français ou Belges, un peu trop tentés, dans la naïveté de leur orgueil national, de considérer leurs hommes comme les représentants d'une humanité inférieure et de se conduire comme des « civilisateurs » aux colonies.

Il y avait donc bien des « comptes à régler ». Or, la justice populaire est prompte. Elle est aussi faillible. Beaucoup d'innocents payèrent pour les coupables. Bien des vengeances privées furent satisfaites sous prétexte de vindicte publique. Parmi ceux dont on retrouva les cadavres, pendus à quelque lanterne ou roulés par les flots de la Néva, il en est plus d'un assurément qui n'avait en aucune manière mérité la haine dont il était la victime.

Mais hâtons-nous d'ajouter que les cas de mort ou de blessures graves ont été assez rares. Certes, si l'on en croyait les récits apeurés de quelques fuyards de l'industrie, il y aurait eu, à travers toute la Russie, une vraie Saint-Barthélemy de contremaîtres et de directeurs; mais nous avons déjà dit combien la rumeur publique exagère jusqu'au ridicule les moindres échauffourées. On nous signalait, par exemple, telle région du Donetz où plusieurs milliers de victimes seraient tombées. Renseignements pris, presque tous ces morts se portaient bien et le nombre réel des meurtres constatés était de huit ou dix! Il est difficile, même aujourd'hui, de compter les victimes à Petrograd. Le nombre des « disparus » est relativement élevé, mais il y a tout lieu de croire que la plupart se retrouveront quand, le tumulte actuel s'étant apaisé, ils se résoudront à sortir de leurs retraites.

Ce serait bien mal connaître d'ailleurs l'ouvrier russe que de se le représenter comme altéré du sang de ses chefs. Il s'est borné d'habitude à donner à ceux dont il voulait se débarrasser le *concilium abeundi,* sans autre sanction, pour ceux qui ne s'exécutaient pas de bonne grâce, que le voyage forcé vers la sortie d'honneur, en cortège, en cérémonie... et en brouette, avec l'invitation très ferme à ne plus revenir sous peine de recours à quelque procédure plus énergique.

Dans nombre de cas, le personnel de l'usine recourait à l'autorité des Soviets d'ouvriers et de soldats pour faire exécuter ses jugements d'expulsion. Le Soviet prononçait le bannissement de la région ou du Gouvernement, et la milice veillait à ce que la sentence reçoive son exécution. Ce n'est point une des moindres étrangetés de la situation paradoxale créée par la Révolution que cette application de l'exil administratif à la poursuite des revendications ouvrières !

Il importe de constater, au surplus, qu'à côté des contremaîtres exilés ou chassés ou mis en fuite, il en est une proportion considérable — beaucoup plus de la moitié sans doute — qui continuent tranquillement à exercer leur métier. Ceux-là ont été, d'ordinaire, confirmés dans leur poste par un vote de l'atelier, et cette investiture populaire a très souvent augmenté leur autorité. Parfois aussi les ouvriers avaient commencé par désigner un contremaître nouveau, pris dans leurs rangs, mais, expérience faite, ont remis en fonctions le titulaire primitif. De l'aveu général, ces réinvestis, qui ont démontré pratiquement et de façon péremptoire l'utilité de leur fonction, sont ceux des chefs dont les ordres sont maintenant les plus respectés et les mieux obéis.

L'idée de la rotation des emplois paraît être une de celles qui ont particulièrement séduit, pendant les premiers jours de la Révolution, les éléments les moins développés de la classe ouvrière. Il leur semblait naturel et équitable que chacun à tour de rôle exerçât les fonctions désagréables, fatigantes ou pénibles; que chacun aussi eût son tour de diriger. Tel ingénieur fut obligé de prendre pour de longues semaines la place d'un manœuvre. Dans certaines mines du Donetz, tout le personnel des bureaux, le directeur-gérant compris, dut descendre à la fosse et connut expérimentalement les douceurs de l'abatage, tandis que des mineurs, dont certains étaient illettrés, siégeaient gravement dans le fauteuil directorial, sur la chaise haute du comptable ou autour de la table du Conseil d'administration. Mais ici encore, l'expérience eut bientôt fait d'enseigner à nos réformateurs trop naïfs que, pour s'emparer de la direction de la production, il ne suffit pas au prolétariat de s'asseoir à la place des dirigeants. Quand la feuille de paie dut être établie, les commandes de matériel passées, les marchés conclus, l'ordre de la production réglé, on s'aperçut que le savoir technique n'était pas inutile et l'on remit les techniciens à leur place.

IV. — La diminution de la production.

En dehors des victimes provisoires de pareils incidents, un grand nombre d'hommes, investis de fonctions de direction, avaient, nous l'avons vu, été chassés par le personnel. Ils étaient partis sans esprit de retour, ou du moins de retour prochain. L'industrie russe avait, de ce fait, été privée de bien des compétences. Perte d'autant plus grande que les compétences techniques, déjà plus rares que dans les pays de vieille industrie, avaient été rendues plus rares encore par la mobilisation pour les armes spéciales de quantités d'ouvriers d'élite. Aussi la qualité et l'abondance de la production ne pouvaient-elles manquer de s'en ressentir. C'est assurément l'une des causes de la diminution du rendement industriel, dont la presse a si fréquemment entretenu le public. Il en est d'autres, telles que le manque croissant de matières premières et de combustible, la difficulté des transports, l'impossibilité de renouveler ou de réparer le matériel usé. Mais nous ne nous occuperons, pour le moment, que de la diminution de l'effort ouvrier, à laquelle on attribue généralement, et sans doute erronément, le rôle essentiel.

Y a-t-il de la part des travailleurs manuels mauvaise volonté réelle? Nous avons interrogé à ce sujet un grand nombre de personnes en mesure d'être bien informées : industriels, ingénieurs, fonctionnaires, ouvriers. Les réponses, comme il fallait s'y attendre, ont été fort diverses. Elles nous ont pourtant paru beaucoup plus favorables aux travailleurs que les bruits répandus dans Petrograd par des personnes qui n'ont aucun contact avec les ateliers, et recueillis par des nouvellistes qui les répandent dans le monde entier.

La mauvaise volonté absolue, évidente, se

manifeste rarement. Nous entendons par là qu'il y a en somme peu d'exemples d'usines où l'on produise peu parce que les ouvriers désirent limiter la production. Des employeurs importants nous ont affirmé, au contraire, que la plupart de leurs hommes sont plus disposés aujourd'hui qu'avant la Révolution à aider à la Défense nationale, en faisant effort pour augmenter le rendement.

Mais la bonne volonté n'est efficace en matière d'industrie qu'à la condition de s'allier à la persévérance et, quelles que soient les qualités du Russe, la persévérance n'a jamais compté au nombre des plus marquées. L'esprit est prompt, mais la chair est faible. On entend exposer les besoins de l'armée ou de la nation, on comprend la nécessité de produire beaucoup pour sauver le pays, on se met au travail avec une ardeur inaccoutumée, mais une heure après, deux heures après, vient l'occasion de discuter avec quelques camarades, de manifester en faveur de la Révolution, de perdre son temps, enfin, agréablement. On résiste à la tentation la première fois, peut-être la seconde; il est bien difficile d'y résister toujours, d'autant plus que l'autorité du contremaître n'est plus là pour rappeler à l'ordre, que les événements ont créé une atmosphère de nervosité générale, que les chances de dissipation se sont étrangement multipliées.

Ce qui frappe le plus l'étranger auquel s'offre l'occasion d'observer ce qui se passe dans les usines russes, c'est le temps considérable qui s'y emploie, ou qui s'y perd, en discussions. Au moindre prétexte, deux voisins abandonnent leurs outils pour échanger leurs arguments au sujet de la politique de Lenine ou de la dernière décision du Soviet. Bientôt, les ouvriers les plus proches s'arrêtent pour écouter ou pour dire leur mot. Ne vous étonnez pas si, repassant une heure après, vous voyez l'atelier entier engagé dans la controverse, toutes machines arrêtées ; il n'y aurait même rien d'extraordinaire à ce que l'auditoire soit encore grossi de contingents venus des ateliers voisins. On a dit que la Russie est devenue le royaume de la parole. Nulle part, assurément, cette souveraine n'est plus honorée que dans les fabriques.

Si étrange que cela puisse sembler, les employeurs russes font bien moins d'efforts pour éviter ces pratiques que ne le feraient en pareilles circonstances leurs collègues de l'Occident. Ils paraissent trouver la conduite de leur personnel naturelle dans une certaine mesure et, s'ils ne l'approuvent pas, ils n'en manifestent pas non plus, généralement, autant de mauvaise humeur que l'on pourrait croire. L'un de nous a eu l'occasion de s'en assurer dans des circonstances assez originales.

Il avait été prié de parler devant les ouvriers d'une grande usine métallurgique, pour leur faire comprendre de quelle importance il était pour la Russie et la Révolution de maintenir ou mieux d'accroître leur production, indispensable à l'armée. Il avait été convenu que son discours serait prononcé à 3 heures et que l'équipe de jour, qui devait être remplacée à ce moment par l'équipe du soir, serait invitée à venir l'écouter. Quelle ne fut pas sa surprise quand, arrivant au rendez-vous vers 2^{h}45, il vit l'équipe de jour déjà réunie. Le patron lui expliqua, sans le moindre signe extérieur de mécontentement, que, pour être bien sûrs de ne pas manquer les premières paroles de l'orateur, les ouvriers avaient quitté le travail vers 2^{h}30.

Le discours touchait à sa fin quand, vers 3^{h}30, un grand bruit se produisit : c'étaient les ouvriers de l'équipe du soir qui, après avoir attendu dans leurs ateliers les retardataires, arrivaient maintenant au complet, prendre part à la discussion. Le patron, toujours impassible, expliqua à l'orateur ce qui venait de se passer et le pria de recommencer pour les nouveaux venus.

Vers 4 heures, le discours était terminé pour la seconde fois, mais le public ne se dispersait pas encore et l'équipe du soir ne songeait pas à reprendre le travail. C'est qu'on abordait seulement la partie la plus intéressante de la séance : les réponses aux questions posées par les auditeurs. Les questions étaient nombreuses et souvent subtiles. L'orateur insistait dans ses répliques sur la nécessité d'un travail régulier et soutenu. Le public approuvait hautement et sincèrement ses conclusions, mais ne faisait pas mine de se retirer. Vers 5 heures enfin, le conférencier ne put s'empêcher de faire remarquer qu'il conviendrait de donner quelque effet pratique à la résolution que l'on venait de prendre, en allant sans plus de retard remettre les machines en mouvement. On acquiesça d'enthousiasme, mais on le pria de répondre encore au préalable à deux ou trois questions importantes. Celles-ci vidées, nouvelle exhortation pressante, nouvel acquiescement de l'auditoire, sous réserve d'une réponse préalable à deux ou trois questions nouvelles. Il était près de 6 heures. Et comme, en fin de compte, le conférencier déclara fermement qu'il ne répondrait plus, qu'il ne voulait pas prendre la responsabilité d'une nouvelle perte de temps, ce fut le patron qui, très étonné, lui dit : « Pourquoi donc? Ce n'est pas une demi-heure de plus qui fera l'affaire. »

*
* *

C'est durant les premiers jours de la Révolution, naturellement, que la perte de temps par discussions, discours, réunions d'atelier, fut la plus considérable. A mesure que l'enthousiasme se calma, l'attention à la besogne reprit, la régularité devint plus facile et la production se releva. Dans tous les établissements de Petrograd où il nous a été donné de faire une enquête précise — ils sont au nombre de sept, choisis parmi les plus grands — nous avons pu faire des constatations identiques : la production, qui avait étonnamment diminué pendant le mois d'avril, s'était relevée pendant le mois de mai, au point d'atteindre souvent au niveau pré-révolutionnaire et dans plusieurs cas de le dépasser. Le relèvement était général, sauf dans les sections où une cause indépendante de la bonne volonté des ouvriers, comme le manque de matières premières, l'avait empêché.

Il est très frappant de constater que ce relèvement s'observe surtout dans les ateliers d'ouvriers qualifiés. Ce sont les individus techniquement développés qui paraissent aussi posséder, au degré le plus éminent, les qualités morales du producteur. Ainsi, dans les fabriques de fusils, les outilleurs et les repasseurs ont dépassé notablement leur production de l'ancien régime, au point qu'il a fallu procéder à une redistribution des tâches : on a constaté, en effet, que les ateliers d'usinage mécanique, où la qualification est très rare quand il s'agit d'une fabrication aussi automatisée que celle des fusils, ne pouvaient pas suivre l'allure nouvelle des départements qualifiés.

Il serait assurément intéressant de donner, à l'appui de ces assertions générales, des chiffres précis, mais les auteurs doivent se borner à affirmer qu'ils en ont eu de concluants sous les yeux : les statistiques pouvant intéresser les opérations militaires ne sont naturellement pas destinées à la publicité.

*
* *

On a beaucoup dénoncé dans le public l'influence néfaste de la journée de huit heures, voire de la journée de six heures, sur la production russe. La journée de six heures n'est guère qu'une fantaisie de journaliste. Elle n'a reçu nulle part une application étendue, et dans aucune région importante, dans aucune industrie considérable elle n'a été sérieusement proposée. Quant à la journée de huit heures, ses effets n'ont été, en aucune façon, désastreux.

Avant la guerre, on travaillait généralement par deux équipes de dix heures. En beaucoup d'endroits, on faisait une ou deux heures supplémentaires. Aujourd'hui, on travaille par trois équipes de huit heures, partout où l'on peut se procurer la main-d'œuvre nécessaire et les matières premières indispensables pour alimenter une production continue.

Lorsque ces conditions sont remplies, il est évident que trois ouvriers donnant leur effort successivement, produisent plus que deux travaillant chacun douze heures. D'autre part, quand la production est limitée par la rareté de la matière première, la question des heures de travail perd son intérêt, du point de vue de l'intensification du rendement industriel. Reste le cas où la main-d'œuvre est insuffisante. Il se présente moins souvent qu'on ne pourrait croire, dans ce pays qui n'a pas mobilisé comme ceux de l'Occident toute sa population valide. Il reste assurément de grandes réserves de main-d'œuvre inoccupée, notamment de main-d'œuvre féminine. Mais il est fort exact que, dans certains cas, les qualifiés sont difficiles à obtenir en nombre suffisant pour l'organisation de la troisième équipe. Il arrive de plus en plus souvent que, dans ce cas, l'on en revienne au système des heures supplémentaires. Dans deux ateliers au moins, on nous a assuré que, dès maintenant, et malgré des difficultés techniques particulières, les ouvriers arrivaient à produire autant en huit heures qu'autrefois en dix.

Mais, il faut le reconnaître, cela est exceptionnel. Et si, en dehors des cas où la main-d'œuvre spécialisée est rare, le système des huit heures ne contribue pas à diminuer le rendement total, il diminue la production ouvrière russe par tête. Il contribue ainsi à l'augmentation du prix de revient. Cette constatation nous amène à dire quelques mots de la question des salaires.

V. — L'augmentation des salaires.

Les salaires ont *considérablement* augmenté depuis la Révolution et nul n'oserait affirmer que leur ascension soit terminée. Avant la chute de l'Empereur, les meilleurs ouvriers métallurgistes de Petrograd ne gagnaient souvent que 4 roubles. Aujourd'hui, ils en gagnent couramment 15 ou 16.

Mais il faut, pour apprécier cette hausse énorme, tenir compte du fait qu'il n'y avait pas eu d'augmentation sérieuse depuis le début de la guerre : si bien que les renchérissements de la main-d'œuvre qui, dans nos pays, se sont espacés sur trois années, ont été concentrés ici dans l'espace de quelques semaines.

En Russie comme en Occident, ils sont dus, en ordre principal, à l'augmentation du prix de la vie. Celle-ci a atteint, dans les grandes villes et dans les régions industrielles, des proportions inouïes. Il serait difficile de la mesurer avec la précision que les statistiques du *Board of Trade* permettent d'obtenir quand il s'agit de l'Angleterre. Nous ne connaissons aucun document de cette valeur pour les contrées qui nous intéressent en ce moment, mais quelques faits, recueillis en passant, permettront de se rendre compte de l'ordre de grandeur du phénomène.

Un ouvrier belge, établi en Russie depuis plusieurs années, parlant parfaitement la langue, au courant des habitudes et capable, par conséquent, d'échapper aux prix de fantaisie que les étrangers ont parfois à subir, nous affirmait avoir dû payer 200 roubles le costume, de la qualité la plus modeste, qu'il portait en dehors de l'usine.

Le prix du combustible a pour le moins décuplé, entraînant l'augmentation des loyers — les propriétaires louant, le plus souvent, leurs appartements chauffés. Si l'on songe à la longueur et à l'intensité des hivers russes, on comprendra l'importance de ce chapitre du budget.

Des employés aisés de Petrograd qui, avant la guerre, dépensaient 200 roubles par mois, étaient obligés de se restreindre pour se tirer d'affaire avec les 650 roubles mensuels dont ils disposent aujourd'hui. On ne peut oublier que, pendant les périodes de crise, le prix de la vie augmente d'habitude proportionnellement, d'autant plus que le genre d'existence est plus modeste.

Dans de pareilles conditions, on conçoit que les ouvriers aient pu très raisonnablement profiter de leur liberté conquise pour exiger de très sérieuses augmentations. Malheureusement, leurs revendications à cet égard ont, comme on pouvait s'y attendre de la part d'un prolétariat peu habitué aux négociations économiques, manqué de coordination et, partant, de mesure. La facilité avec laquelle on acquiesça à leurs premières demandes, les incita souvent à en présenter de nouvelles, puis d'autres encore. Et, comme les employeurs, soit par crainte, soit par faiblesse, soit par suite d'un calcul plus profond, ne résistaient guère à ces exigences successives, ne se décidaient même pas, le plus souvent, à les discuter sérieusement, il arriva que certaines catégories de travailleurs augmentèrent toujours leurs prétentions jusqu'à les rendre entièrement déraisonnables.

On nous a cité quelques cas caractéristiques : des journaliers employés dans une exploitation de tourbe du centre de la Russie, par exemple, réclamaient des appointements fixes de 1.000 roubles par mois. De même les ouvriers d'une des grandes usines de Petrograd, ayant obtenu en quelques semaines le triplement des salaires, exigeaient encore que la mesure eût un effet rétroactif, à dater du début de la guerre !

Ajoutons que le procédé par lequel ces derniers espéraient induire leurs employeurs à céder mérite d'être rapporté. Un beau matin, une délégation des ouvriers se présente devant le Conseil d'administration, composé de treize membres, qui tous, appelés par une lettre spéciale et urgente écrite à la requête du personnel, s'étaient empressés d'accourir. Les parlementaires étaient porteurs de treize sacs. L'un d'eux, prenant la parole au nom de ses camarades, exposa qu'ils gagnaient aujourd'hui en moyenne 8 roubles de plus qu'avant la Révolution, que, par conséquent, on avait fait tort, quotidiennement, à chacun d'eux de pareille somme, que le nombre des ouvriers occupés dans l'établissement étant de 5.000, c'était 40.000 roubles par jour qu'on leur avait retenus, soit 12 millions par année de trois cents jours ouvrables, ou, pour trois ans de guerre, 36 millions. Le personnel priait donc les administrateurs de verser cette somme dans la caisse de l'association ouvrière, qui se chargerait d'en assurer la répartition. Pour leur faciliter le paiement, les parlementaires laissaient à ces messieurs les treize sacs, assez grands pour contenir la somme, en or ou en billets divisionnaires. Ils devaient revenir prendre les sacs le lendemain. Jusque-là, une garde armée veillerait à la porte du Conseil et garantirait aux administrateurs le repos d'esprit qui ne peut manquer de résulter d'une interruption complète des rapports avec le dehors. Si, par infortune, la somme ne se trouvait pas dans les sacs au moment fixé, les administrateurs devaient y être placés eux-mêmes et le tout, contenant et contenu, jeté dans la Néva, qui coule à distance commode du lieu de l'entretien.

On conçoit l'émoi des malheureux auxquels s'adressait ce simple discours. Ils représentèrent en vain que le capital de la société était loin d'équivaloir à la somme exigée, qu'ils ne pouvaient, de toutes façons, se procurer, en moins de vingt-quatre heures, une aussi énorme rançon, qu'enfin, si on les enfermait, ils ne pourraient pas même faire de démarches pour l'obtenir. On leur répondit que le coffre-fort de la société se trouvait dans la salle même où ils étaient retenus, qu'ils en avaient la clef et qu'au surplus c'était leur affaire de régler les questions de finances. Puis on les laissa à leurs réflexions. Mais, par quelque heureux hasard, ils purent faire tenir la nouvelle de leur internement au ministère du Travail. Celui-ci ne disposait d'aucune force matérielle, et si les ouvriers avaient persisté dans leur intention, on se demande comment le Gouvernement eût pu les empêcher de mettre leur projet à exécution. En fait, le ministre fit venir leurs représentants et quelques minutes de conversation suffirent à leur faire comprendre et l'absurdité de leur demande, et l'impropriété des moyens par lesquels ils voulaient en assurer le succès. Renonçant donc à leur projet, d'aussi bon cœur qu'ils avaient travaillé à sa réalisation, ils s'en allèrent délivrer leurs prisonniers, leur expliquèrent l'erreur qui s'était produite, leur présentèrent des excuses, et tout alla bien depuis ce moment, la cordialité des rapports entre la direction et les travailleurs n'étant nullement altérée par cet incident.

L'histoire des treize administrateurs et des treize sacs est une de celles que nous avons entendu répéter le plus fréquemment. On s'en sert habituellement pour démontrer la férocité des ouvriers russes et l'insatiabilité de leurs exigences. Ne montre-t-elle pas plutôt le caractère bon enfant que le prolétaire russe conserve jusque dans ses excès ? Il a suffi d'un mot pour faire renoncer ces terribles révoltés aux treize exécutions qu'ils avaient méditées. Encore les avaient-ils *sérieusement* méditées ? Ils ont renoncé du même coup à leurs 36 millions de roubles, sans en revendiquer la moindre parcelle. N'est-ce point la preuve qu'avec un peu de raison et un peu de patience on pourrait, sans trop de peine, empêcher la plupart des sottises dont s'accompagne en Russie, comme partout, l'apprentissage de la liberté ? Et puisqu'on cite toujours les mêmes histoires, cela n'indique-t-il pas enfin qu'elles sont bien moins nombreuses que les pessimistes ne le prétendent ?

En somme, et tout compte fait, nul ne peut prétendre que les salaires russes, au point où la crise récente les a portés, soient trop élevés. Il n'est pas exact qu'ils aient déterminé la cherté excessive de la vie : le renchérissement a commencé bien avant la hausse du prix de la main-d'œuvre et s'est aggravé, depuis, pour des raisons en grande partie indépendantes de ce phénomène. Il ne nous paraît nullement démontré que les salaires *réels* soient supérieurs à ceux actuellement en usage en Angleterre ; ils sont certainement inférieurs aux salaires américains. L'industrie pourrait donc les supporter sans peine, à la condition d'être aussi productive que, par exemple, celle des États-Unis. Et comme elle dispose d'un outillage généralement fort moderne, que sa concentration lui permet l'application des méthodes les plus perfectionnées, rien n'empêcherait, semble-t-il, d'obtenir un rendement intensif, si les travailleurs russes y étaient techniquement et moralement préparés. C'est bien plutôt dans la voie de l'éducation industrielle que dans celle de la réduction des salaires que paraît se trouver l'avenir économique du pays.

VI. — La parlementarisation des usines.

Les ouvriers russes ont eu de bonne heure la préoccupation de régulariser, d'organiser l'influence nouvelle qu'ils venaient d'acquérir. Leurs premières revendications étaient tumultuaires. Elles ont été discutées ensuite par des assemblées ordonnées, présentées par des délégués. Ce sont des mandataires élus des ouvriers encore qui ont été chargés de veiller à l'exécution ou d'aider à la mise en œuvre des réformes.

Il en est résulté toute une série d'institutions représentatives, de parlements industriels au petit pied. On sait d'ailleurs que, si la Russie n'a plus jusqu'à la réunion de sa Constituante de Parlement central, elle présente, au contraire, la collection la plus étonnante et la plus variée de corps électifs, délibérant jour et nuit, dans tous les endroits concevables, sur toutes les questions possibles. Il y a un Soviet des officiers et des soldats dans chaque caserne, dans chaque unité du front, de la compagnie au groupe d'armées. Il y a dans chaque ville un Soviet d'ouvriers et de soldats. Il y a, au moins, un congrès des paysans, représentant à son tour des milliers d'assemblées locales. Il y a les Doumas de villes et de quartiers, sans compter les congrès de parti ou de fractions, ou de nationalités, ou de professions. Bref, la vie politique s'est comme émiettée, dispersée en une poussière de parlements. Comment les usines seraient-elles demeurées à l'écart du mouvement général? Elles aussi ont donc leurs chambres délibérantes. Elles en ont même de plus d'une sorte. Il nous serait bien difficile d'énumérer toutes les espèces de comités qui y ont vu le jour, d'indiquer pour chacun et la façon dont il est né, et son mode d'élection, et sa composition, et ses fonctions précises. Il faut nous borner à donner ici des indications générales, forcément un peu schématiques.

On trouve dans la plupart des établissements :

A) *Un Comité d'usine.* — Il est élu au suffrage universel des travailleurs des deux sexes, sans distinction d'âge, d'ancienneté ou de capacité technique, sous le régime de l'égalité la plus absolue. Il est élu tantôt directement, tantôt indirectement, c'est-à-dire par l'intermédiaire des comités d'atelier dont il sera question tout à l'heure. Il comprend un nombre variable de membres, une dizaine dans les petits établissements, une cinquantaine dans les plus grands. Il siège habituellement pendant les heures de travail.

Ses fonctions sont complexes. Souvent, il contrôle toute l'activité de l'établissement. Mais il ne prétend pas diriger celui-ci. Ce n'est pas un conseil d'administration. Son rôle est plutôt analogue à celui du collège des commissaires dans une société anonyme. Il surveille les opérations et présente ses observations, non plus dans l'intérêt des actionnaires, mais dans celui des ouvriers. Il s'intéresse moins aux conséquences financières de l'exploitation qu'aux conditions du travail qu'elle crée. La différence principale consiste en ceci que les « recommandations » des travailleurs sont, dans les circonstances actuelles, bien plus impérieuses que celles des actionnaires et qu'il est autrement difficile de les éluder.

De plus, le Conseil d'usine s'occupe, au degré d'appel, des questions de discipline, qui sont, en première instance, du ressort des comités d'atelier. Souvent il « confirme » la nomination du directeur, ou même élit celui-ci. Dans la plupart des établissements dépendant de la Guerre ou de la Marine, ses droits à cet égard sont établis par des règlements précis. Ailleurs, il exerce un pouvoir de fait, la vie devenant impossible au directeur que le Conseil refuse de reconnaître.

Les fonctions de conseiller d'usine sont souvent absorbantes. Dans bien des établissements, elles nécessitent l'emploi de la plus grande partie de la journée de travail des titulaires. Dans quelques-uns, elles absorbent leur journée entière. Nous connaissons un chantier de construction de Petrograd, occupant 8.000 ouvriers, où le Conseil, composé de 43 travailleurs, presque tous d'élite et gagnant 16 roubles par jour, siège exactement huit heures quotidiennement, si bien que ses membres ne sont jamais présents devant leur machine ou leur établi.

B) *Les comités d'atelier*. — On en trouve dans

tous les ateliers importants. Ils sont élus, comme les précédents, au suffrage universel.

Ils exercent le pouvoir disciplinaire en lieu et place du contremaître. Ils ont en général le droit exclusif d'embaucher, de débaucher, d'admonester et de punir. Le contremaître n'exerce plus qu'une autorité technique ; encore est-il le plus souvent soumis à l'agréation du Comité, ou même élu par celui-ci.

C) Dans bien des usines, un autre comité est chargé de classer les ouvriers au point de vue du salaire, maximum, minimum ou moyen, qui doit leur être accordé. Ce comité est, comme tous les autres, élu au suffrage universel des travailleurs. L'employeur n'y a aucune représentation.

D) Enfin — et ceci rompt peut-être davantage encore avec les habitudes admises — il existe en certains endroits un comité d'arbitrage de l'usine, auquel les conflits, individuels ou collectifs, entre patrons et ouvriers sont soumis en dernier ressort, *et qui est composé uniquement des délégués élus des ouvriers*.

Comment ce sytème fonctionne-t-il ?

Il serait absurde de soutenir qu'il fonctionne bien. Mais, incontestablement, il fonctionne mieux — ou moins mal — qu'il ne le ferait, en pareilles circonstances, dans n'importe quelle partie du vieux monde industriel. Sans doute faut-il l'attribuer à ce manque absolu de mauvaise volonté, à ce sentiment inné de bienveillance, à cette étonnante aptitude à maintenir un ordre élémentaire, à ce sens de sociabilité spontanée, en un mot, qui caractérisent si évidemment le Russe.

Ces comités d'atelier chargés de la discipline n'adoptent pas, cela va sans dire, le point de vue patronal. Nous n'affirmons même pas qu'ils adoptent un point de vue raisonnable. Mais tous ceux qui les ont vus à l'œuvre admettent qu'ils cherchent de bonne foi à accomplir leur tâche. Les ouvriers coupables de quelque négligence sont réellement appelés devant leurs élus. On leur adresse des réprimandes auxquelles ils sont étonamment sensibles et qui produisent souvent plus d'effet que l'amende infligée autrefois par le contremaître. Si, d'ailleurs, le délinquant se montre récalcitrant ou s'il ne se corrige pas, on finit par l'écarter de l'atelier. Rarement on le chasse brutalement, mais on lui fait comprendre qu'il est une cause de trouble pour la communauté et on lui cherche quelque emploi en dehors de l'usine. Dans un atelier de construction mécanique occupant environ 2.000 ouvriers, le directeur nous expliquait que les comités d'atelier avaient provoqué ainsi le départ d'environ 60 mauvais sujets, pour le plus grand bien de l'établissement, où régne maintenant une atmosphère générale de concorde et de bonne entente.

Dès à présent, les patrons constatent en général qu'il est bien plus facile de traiter avec les comités élus qu'avec les ouvriers individuellement ou en masse. Les revendications présentées par le comité d'usine sont généralement moins extrêmes que celles de leurs mandants, et, quand elles sont exagérées, il est d'ordinaire plus aisé de le faire admettre. Il en résulte d'ailleurs fréquemment que le Comité est désavoué par les ouvriers, que sa démission est exigée et que l'on procède à de nouvelles élections. Il est telle usine où, pendant les premières semaines de l'application du régime, le Comité de l'établissement fut ainsi renouvelé quatre fois. Mais à chaque renouvellement les nouveaux élus, placés devant les mêmes faits, acquérant la même expérience, aboutirent aux mêmes solutions et consentirent aux mêmes concessions, si bien que les ouvriers s'apercevant, à la fin, que tout nouveau changement serait inutile, se résignèrent à laisser les derniers venus en fonctions et à suivre leurs avis. Sans doute comprirent-ils aussi que leurs élus avaient raison.

VII. — Les responsabilités du pouvoir.

En somme, après un laps de temps relativement court, l'habitude des affaires tend à développer déjà, dans l'élite de la classe ouvrière, un sens plus exact des responsabilités. Ce nous est une grande raison d'espérer que, avec de la bonne volonté réciproque, chez les patrons comme chez les ouvriers, la Russie échappera au chaos industriel qui paraissait la menacer et que la transformation nécessaire de son système économique s'accomplira sans catastrophe. Si depuis les premiers jours du nouveau régime, on a pu craindre des grèves formidables ou des lock-outs monstres, qui eussent achevé de détraquer toute la machine sociale, il est assez caractéristique que l'arrêt volontaire des usines ait été assez rare, qu'on ait presque toujours trouvé, à la onzième heure, quelque arrangement évitant le cataclysme imminent, et que chaque moment qui passe, chaque arrangement conclu, paraît rendre plus faciles des arrangements nouveaux. Il y a là, certes, toute autre chose qu'un hasard heureux.

D'arrangement en arrangement, le système actuel finira sans doute par s'organiser, par s'adapter aux faits. Conservera-t-il ses principales caractéristiques ou ne deviendra-t-il viable qu'après avoir changé de nature? En d'autres termes, la Russie connaîtra-t-elle de façon stable la parlementarisation de l'industrie, verra-t-elle l'avènement de cette « république de l'atelier » prévue par certains réformateurs sociaux?

Peut-être! Nous ne voulons apporter dans l'examen de cette question aucun préjugé d'Occidentaux, qui refusent de croire que les choses puissent jamais aller autrement qu'elles ne vont, depuis toujours, chez eux. On ne peut d'ailleurs manquer d'être frappé par certaines analogies entre les comités issus de la Révolution russe et ceux dont la création est recommandée par la commission anglaise chargée d'étudier les problèmes de réorganisation industrielle après la guerre et où siègent des patrons et des ouvriers hautement expérimentés. Nous ne pouvons oublier toutefois qu'il est certains principes fondamentaux qu'on ne transgresse jamais impunément, ni dans le domaine économique, ni dans celui de la politique, et que l'un des plus essentiels s'exprime en ces termes : pas d'autorité sans responsabilité.

Or, si la responsabilité des comités d'usine ou d'atelier est très réelle vis-à-vis des ouvriers qui les élisent, elle est nulle vis-à-vis des autres intéressés. Il est difficile dès lors de concevoir qu'ils exercent tous le pouvoir, d'autant que les ouvriers ainsi représentés n'acceptent pas eux-mêmes la responsabilité pour les résultats, comme ils le feraient, par exemple, dans une coopérative de production. Qu'arrivera-t-il s'ils organisent le travail de telle manière que le rendement diminue, ou que la qualité des produits s'altère, ou encore que les frais de fabrication augmentent ? Nous ne dirons pas que le patron ou les actionnaires seront lésés, quoique cette considération ait bien sa valeur, tant que le régime capitaliste subsiste et que les maîtres de l'argent jouent dans l'économie nationale un rôle dont, bon gré mal gré, il faut qu'on tienne compte ; mais nous dirons que le consommateur sera lésé. Or, le consommateur, c'est Monsieur tout le monde, et l'on ne peut rien concevoir de moins démocratique qu'un système qui le livrerait pieds et poings liés à la volonté, devenue souveraine, du personnel de chaque établissement. Du reste, lors même que l'on dédaignerait cette considération éthique, il faudrait bien que l'on s'incline devant la fatalité économique, cette sanction des droits du consommateur dans le domaine des faits. Une exploitation industrielle qui ne veillerait ni à la qualité, ni à la quantité, ni au prix des fabricats, succomberait bientôt sous la concurrence des exploitations mieux comprises à l'étranger par exemple. Et si l'on essayait de pallier à ces conséquences par des mesures fiscales ou par d'autres procédés protectionnistes, on provoquerait la paralysie de la production nationale. Et qui donc aurait la folie de croire que l'on peut attendre l'émancipation des travailleurs d'un système qui arrêterait le développement économique du pays ?

***

Nous nous serions bien mal fait comprendre si l'on pouvait conclure de ce que nous venons de dire que nous considérons comme impossible, ou comme indésirable, l'intervention des ouvriers dans les domaines réservés jusqu'ici à l'activité patronale. Il ne peut y avoir d'erreur plus funeste que celle qui consisterait à considérer les fonctions patronales comme immuables et éternelles. Nous ne serions pas socialistes si nous ne voyions pas dans l'organisation totale du travail par les travailleurs, et à leur profit, le but à atteindre. Le problème que nous discutons en ce moment n'est qu'un problème de méthode. Et il faut bien reconnaître que la méthode dont nous faisons ici la critique se heurte à des objections graves.

Les travailleurs, dans leur ensemble, peuvent

intervenir dans le domaine industriel en tant que consommateurs organisés. Peut-être aurons-nous l'occasion de revenir sur ce point en parlant tout à l'heure du mouvement coopératif. Même professionnellement, dans leur industrie propre, l'expérience occidentale offre bien des exemples d'intervention analogue, mais elles ne se sont guère produites avec succès que lorsqu'on a soigneusement tenu compte du grand principe de la responsabilité.

Nous pourrions invoquer, sans parler de la coopérative de production proprement dite, où le patron disparaît, la commandite, où les ouvriers assument eux-mêmes toute l'exécution du travail, le répartissent librement entre eux, le surveillent et même le dirigent, recevant du patron le matériel et les matières premières et lui livrant les produits finis, dont il se borne à contrôler la quantité et la qualité. Mais dans la commandite, le prix global de la main-d'œuvre, le rendement minimum, la qualité, le pourcentage du déchet et toutes les autres conditions importantes sont fixés par contrat. La collectivité ouvrière est responsable de l'exécution de la convention et, si elle veut se livrer à des expériences dangereuses, elle le fait à ses dépens.

Nous pourrions invoquer encore les nombreuses industries, où, sous des formes d'ailleurs fort diverses et dans une mesure variée, les ouvriers ont obtenu le droit de choisir leurs collègues. Mais il faut remarquer que l'expérience n'a réussi, dans certaines limites, que lorsque ce droit est syndical; or, dans ce cas, il s'exerce, non point sous le contrôle des ouvriers d'un seul établissement, mais sous la direction de la profession entière, représentée par une association puissante, qui a ses traditions, sa situation acquise à sauvegarder, et qui compromettrait l'avenir du métier si elle poussait à l'emploi d'une main-d'œuvre incapable ou paresseuse. Nous nous bornerons à signaler ici cette différence considérable, quant à la responsabilité, entre l'intervention syndicale et l'intervention du personnel d'une usine. Nous aurons l'occasion d'y revenir au chapitre suivant.

VIII. — L'organisation professionnelle.

Les ouvriers russes ont tenté depuis longtemps de s'organiser professionnellement. Ils l'ont fait à l'exemple de leurs camarades de tous les pays industriels. Sans les persécutions dont l'ancien régime n'a cessé d'accabler les militants syndicaux, nul doute que les Unions de Petrograd, de Moscou ou du Donetz n'eussent pris un développement comparable à celui des associations similaires en Angleterre, en Allemagne ou aux États-Unis, et suivi une politique semblable.

Ceci est important. S'il est vrai, en effet, que seule l'intervention arbitraire de la police d'Empire a empêché le développement des syndicats ouvriers; que la classe ouvrière, agissant librement, eût créé ici, comme ailleurs, ces grands organes régulateurs des conflits économiques; qu'elle eût suivi en cette matière, comme elle l'a fait en matière de coopération, la tradition constante du prolétariat moderne, on peut espérer qu'ayant conquis maintenant l'indépendance de son action, le prolétariat russe reprendra la voie dont il a été artificiellement et violemment écarté, et y marchera rapidement. Il n'est pas un étudiant sérieux des questions ouvrières, à quelque école qu'il appartienne, qui ne soit prêt à s'en réjouir, car le syndicat favorise les progrès de la classe ouvrière, tout en évitant les secousses inutiles. Il ne prévient certes pas la lutte entre les classes en présence, mais il la conduit suivant des formes nouvelles, à la fois plus ordonnées et plus décisives.

Nous n'avons pas l'intention de faire l'histoire des syndicats russes. Elle a été écrite de façon très complète par plusieurs auteurs — et dès 1907 par Sbiatlevskié. La plupart des publications concernant l'âge héroïque des associations professionnelles sont malheureusement aujourd'hui introuvables. Chose étrange, personne ne paraît songer (en dehors du monde ouvrier absorbé aujourd'hui par bien d'autres besognes) à les rééditer, ou à en concentrer les données dans quelque ouvrage nouveau. On pourrait souhaiter cependant que les classes instruites s'intéressent davantage à une question dont l'intérêt peut être vital pour le pays.

Nous nous bornerons à rappeler ici que les Unions professionnelles ont une préhistoire secrète, qui remonte assez haut, puis une histoire publique, ou semi-publique, qui commence au Manifeste du 17 octobre 1905 (vieux style). Depuis ce moment, elles n'ont plus été interdites en *principe,* et, aussitôt, on les a vues pousser comme champignons par nuit d'orage, dans toutes les régions industrielles. Bientôt, la persécution vint, avec la réaction contre-révolutionnaire. Au cours des douze dernières années, les syndicats ont été dissous en grand nombre chaque fois que la Russie a traversé une crise de réaction — et l'on sait si celles-ci ont été nombreuses. Dans les intervalles, ils ont été soumis à un régime de tracasseries policières qui rendait leur action à peu près illusoire. Telle association, dûment « autorisée », se voyait, par exemple, interdire, pendant des années entières, la tenue de toute assemblée générale. Telle autre, au contraire, qui comptait 10.000 membres, se voyait accorder l'autorisation de les réunir, à condition de les convoquer *tous* individuellement, ce qui créait des difficultés matérielles à peu près insurmontables; mais elle n'était pas autorisée à créer un collège de délégués pour l'administration des affaires communes !

Le Syndicat des métallurgistes de la région de Petrograd a eu, pendant la dernière décade, dix présidents et dix comités, sa direction étant à tout moment envoyée en prison, en Sibérie ou en exil. Il a été dissous cinq ou six fois. Pourtant, malgré tout, vaille que vaille, il a maintenu son existence. Ses membres conservaient le contact, même quand la police supprimait l'Association. Elle a vécu d'une vie difficile, presque latente par moment, mais n'est jamais morte; elle semblait indestructible, parce qu'elle répondait à une nécessité profonde, élémentaire, contre laquelle tout le pouvoir du Tsar ne pouvait prévaloir. Dès le lendemain de la Révolution, l'organisation s'est développée merveilleusement, à nouveau, dans l'atmosphère de liberté. Au 1er mai 1917, elle comptait déjà 80.000 membres.

Elle n'en groupait que 8.000 en 1915, dans la dernière phase de son existence légale, sous l'ancien régime.

L'histoire du Syndicat des métallurgistes est celle de tous les autres. Tous ont connu les mêmes épreuves et marchent aujourd'hui vers une prospérité comparable. Au 1er mai 1917, dans la seule région de Petrograd, il y en avait 61, dont plus de la moitié entièrement réorganisés déjà et affiliés à la Fédération syndicale. Leur effectif total atteignait à ce moment 180.000 adhérents.

*
* *

Ainsi à côté des comités d'usine dont il a été question ci-dessus, se développent rapidement des organisations d'origine plus ancienne, fondées sur un principe différent, sanctionnées par l'expérience ouvrière universelle, et répondant à une telle nécessité que l'ancien régime lui-même n'a pu en empêcher absolument l'éclosion. Elles ont à s'occuper des mêmes questions, à résoudre les mêmes problèmes, à intervenir dans les mêmes conflits que les comités. Nous étudierons tout à l'heure les rapports entre ces deux séries d'institutions, mais auparavant nous voudrions convaincre le lecteur qu'il s'agit bien d'organisations différentes, non seulement dans leur forme extérieure, mais dans leur essence même.

On est électeur au comité par le seul fait que l'on travaille à l'usine, sans avoir à faire aucun choix, sans s'engager par aucune adhésion, sans se livrer à aucune manifestation de volonté. On ne devient membre d'un syndicat, au contraire, qu'à la condition d'en faire la demande, d'être accepté comme adhérent, de s'engager dans une action déterminée, régie par des règles fixes, d'observer une discipline particulière, de consentir, enfin, aux charges multiples que cette discipline implique et dont les charges financières sont assurément les moins lourdes. En somme, l'électeur d'un comité est tout simplement en possession d'un droit, le membre d'un syndicat poursuit un but, par une activité constante, réglée, astreignant à des devoirs.

Le comité représente les ouvriers d'un établissement à l'exclusion de tous les autres. Qui passe d'un atelier dans un autre, passe de la juridiction d'un comité à celle d'un comité voisin. Même si les comités sont fédérés, s'efforcent d'unifier leur action, ils n'en ont pas moins chacun une existence séparée, et toute leur activité demeure conditionnée par les circonstances particulières à l'établissement déterminé pour lequel ils fonctionnent. Le syndicat, au contraire, groupe, ou s'efforce de grouper, tous les ouvriers d'un ensemble de professions ou d'industries, sans aucune distinction entre ceux qui travaillent pour différents employeurs, ou dans diverses régions du pays. L'une des tendances les plus manifestes des syndicats dans tous les pays est celle, en effet, qui les pousse vers la *centralisation*. Les organisations de spécialistes, qui se formèrent au début, sont remplacées par des organisations ouvertes à des catégories extrêmement étendues de travailleurs : métallurgistes, ouvriers du bois, manœuvres, ouvriers des transports, par exemple. De même, aux associations locales se substituent des organisations nationales. Les choses en arrivent à ce point, qu'avant la guerre, dans un pays aussi vaste que l'Allemagne, plus de deux millions de membres se groupaient dans cinquante-trois syndicats seulement et que près des deux tiers d'entre eux appartenaient aux six organisations les plus vastes. Le syndicat a ainsi une tendance croissante à représenter les intérêts généraux de la classe ouvrière, ou du moins des intérêts communs à des fractions très étendues de celle-ci.

Par là même, il évite dans ses revendications les excès, les à-coups, les caprices, auxquels le comité est bien plus exposé. Ce que le syndicat demande à un employeur, il doit être en mesure de l'obtenir de tous les autres. L'expérience lui enseigne qu'une amélioration des conditions du travail n'est stable, et ne mérite par conséquent d'être poursuivie qu'à la condition de pouvoir être généralisée et de maintenir ainsi l'égalité des patrons devant la concurrence. « Ne fais rien qui ne puisse devenir une règle universelle d'action », c'est le principe essentiel de la pratique syndicale, comme le fondement de la morale. L'obligation pratique de se conformer à ce commandement du bon sens, sanctionnée par l'échec complet et rapide des associations qui ne s'y soumettraient pas, n'est-ce pas une forme, et l'une des plus efficaces, de la responsabilité?

*
* *

De ce que syndicats et comités diffèrent profondément, jusqu'à représenter deux formes d'organisation nettement opposées et presque contradictoires, faut-il conclure que ces deux institutions entreront nécessairement en conflit, que l'une supprimera l'autre? Il nous paraît bien plus probable que l'une finira par absorber l'autre, au cours d'une évolution qui, pour n'être pas exempte de conflits, n'aura pas nécessairement le caractère d'une lutte ouverte.

Déjà l'on peut apercevoir une différence assez

nette de tendances entre les dirigeants de l'une et de l'autre. Dans les usines, les membres des comités appartiennent souvent au parti bolchevik (extrémistes), les dirigeants syndicaux sont, en général, d'une opinion plus modérée. Bien que les revendications des comités eux-mêmes soient d'ordinaire moins extrêmes que ne le seraient les revendications spontanées des ouvriers de l'atelier s'ils agissaient sans intermédiaire, les syndicats, à mesure qu'ils acquièrent l'influence, interviennent constamment pour conseiller aux comités la prudence et la modération. On peut noter enfin une différence marquée entre l'attitude de la section ouvrière du comité des ouvriers et des soldats, qui peut être considérée, dans une certaine mesure, comme une fédération de comités d'usines (bien que ses membres soient élus par les ouvriers directement) et celle de la Centrale (ou Fédération) des syndicats. Il est très intéressant de constater que, si la première continue à s'occuper presque seule de la solution des problèmes politiques intéressant la classe ouvrière, c'est de plus en plus la seconde qui conduit la lutte proprement économique. C'est elle notamment qui organise maintenant la représentation des travailleurs au Comité d'arbitrage, où la représentation patronale est assurée par l'Association générale des Propriétaires d'usines. La section ouvrière du Soviet devait être l'autorité reconnue en cette matière, d'après le plan primitif, et comme le Conseil d'arbitrage paraît être appelé à devenir l'un des organes principaux de la vie ouvrière dans la capitale de la Russie, on voit toute l'importance de ce changement d'attributions.

De même dans les usines, il y a déjà une tendance marquée à la subordination des comités aux syndicats. En quelques endroits, les membres des comités sont choisis parmi les syndiqués. Dans la plupart des établissements, ils sont syndiqués en majorité. La règle prévaut peu à peu qu'ils doivent, avant d'agir, prendre l'avis de l'autorité syndicale. On peut prévoir que bientôt ils seront réduits au rôle des « comités de sectionnaires » ou des « Shops Stewards » dans nos usines d'Occident. Certes, même lorsque l'organisation est ancienne et puissante, il n'est pas toujours commode d'imposer à ces représentants de l'autorité syndicale dans un établissement particulier, le respect de la tactique d'ensemble adoptée par l'association. L'histoire de leurs révoltes et des grèves inconsidérées, violentes, à tendances extrêmes, qui en résultent, forme en tout pays l'un des chapitres les plus passionnants et, hélas ! les plus étendus de l'histoire ouvrière. Mais, à la longue, la pensée générale, syndicale, pondératrice, finit toujours par prévaloir. En Russie sans doute, longtemps encore, l'esprit d'indépendance et de particularisme des ateliers demeurera plus marqué, l'autorité syndicale plus précaire; mais il y a tout lieu de croire qu'elle se renforcera par degrés et que les choses finiront par se passer à peu près comme en Occident.

IX. — L'organisation coopérative.

Les associations coopératives n'ont pas eu à souffrir au même degré que les syndicats des tracasseries administratives et policières. Aussi leur développement a-t-il été plus prompt et plus intense. Dès 1896, les associations de cette espèce étaient assez nombreuses pour qu'une section de l' « Assemblée générale du Commerce et de l'Industrie » de toute la Russie, tenue à Nijnii-Novgorod, fût spécialement chargée d'examiner les questions soulevées par leur fonctionnement. Après la Révolution de 1905, leur croissance fut prodigieuse. Elles ont acquis aujourd'hui un développement qui égale, à bien des points de vue, celui qu'elles ont atteint dans les principaux pays de l'Occident. La dernière statistique que nous ayons pu nous procurer, celle du 1er janvier 1913, signalait :

Environ 7.500 sociétés de consommation réparties dans tout l'Empire, et formant un certain nombre de fédérations, s'occupant notamment de l'organisation des achats en gros. La plus importante de ces fédérations est celle de Moscou, qui groupe environ 600 sociétés ;

2.700 associations de fabricants de beurre (coopératives laitières), groupées, elles aussi, en fédérations (celle de Sibérie compte près de 300 associations) ;

4.510 autres coopératives rurales ;

8.938 associations de crédit ;

3.287 associations d'épargne ;

148 caisses provinciales de petit crédit, dont la mission paraît consister principalement dans l'organisation du crédit pour les diverses espèces de coopératives. Elles ont un caractère semi-officiel, leurs directions étant élues par les assemblées provinciales. Elles sont placées sous le contrôle financier du Gouvernement.

Enfin, la Banque populaire de Moscou, dont presque toutes les actions appartiennent soit aux grandes coopératives, soit aux fédérations d'associations, et qui s'efforce d'assurer aux établissements coopératifs les plus divers soit le crédit nécessaire, soit l'organisation de leurs achats, soit la vente de leurs produits ou des produits de leurs membres, notamment ceux provenant de l'industrie à domicile.

*
* *

Pendant notre séjour à Moscou, la plus grande partie de notre temps fut consacré à la visite des coopératives locales, de leur Fédération, de la Wholesale, magnifiquement installée dans un immeuble flambant neuf, de la Banque coopérative, du Congrès des coopératives enfin, qui siégera bientôt dans un vaste palais au centre même de la ville.

Ce fut une impression réconfortante. Au dehors, on faisait grève. Les dvorniks parcouraient les rues en cortège de protestation. Dans les hôtels, tout chômait, jusqu'à la cuisine : les voyageurs faisaient leurs lits eux-mêmes et devaient se contenter de sandwichs à 5 roubles (12f50) la portion. On annonçait pour le lendemain — mais cette menace fut conjurée — une grève des services publics.

Dans les ruches coopératives au contraire, toutes les abeilles étaient au travail. On ne s'interrompait un instant que pour fêter, avec une fraternité chaleureuse, les camarades coopérateurs venus de la lointaine Belgique. Et c'est avec une émotion indicible que nous voyions sur les murs des photographies du Vooruit, de la Maison du Peuple de Bruxelles, preuves irrécusables de l'influence exercée par notre mouvement sur le mouvement coopératif russe.

Ainsi que nous pûmes nous en convaincre par les rapports que l'on nous remit, Moscou est, par excellence, la capitale de la coopération. L'influence sociale qu'elle y exerce est considérable. Les coopérateurs y siègent à côté des délégués du Soviet, de la municipalité et de quelques autres organisations dans l'assemblée qui, depuis la Révolution, a pris la direction des affaires.

Il existe d'autre part en Russie un grand nombre de sociétés de consommation, créées sous l'influence moscovite, qui se développent rapidement jusque dans les provinces les plus reculées. Dans les régions agricoles, elles sont souvent en relations étroites avec les coopératives laitières : les paysans échangent leur lait contre les marchandises diverses dont ils ont besoin.

La fabrication coopérative du beurre a produit en Russie une véritable révolution agricole, analogue à celle qui, au Danemark par exemple, est résultée de leur développement. A en croire les fondateurs de la Banque coopérative de

Moscou, elles sont en train de supprimer les entreprises privées. Voici ce qu'ils disent notamment du mouvement qu'elles ont provoqué en Sibérie occidentale :

« Dans la Sibérie de l'Ouest, et surtout dans le rayon où, à l'heure actuelle, la fabrication du beurre par les artels est très développée, il existe depuis longtemps toute une série de facteurs favorables au développement du mouvement coopératif et à sa prospérité dans l'avenir.

« Ce pays peuplé de paysans entreprenants et possesseurs de vastes terres aux superbes pâturages naturels, appartient à la partie la mieux cultivée de la Sibérie de l'Ouest ; c'est là qu'on doit utiliser les associations déjà existantes, favoriser leur développement, assurer leur prospérité dans l'avenir et résoudre les questions soulevées depuis longtemps par les besoins de la vie.

« La coopération de la Sibérie, fondée sur des bases très solides, revêt un caractère spécial. Elle naquit au moment même où l'organisation économique du peuple s'écroulait, comme la conséquence logique de certaines causes économiques ; elle apparut comme une réaction après l'agiotage spéculatif qui s'était élevé en Sibérie, et, ayant pris sa source dans les classes inférieures, parmi les populations jouissant d'un bien-être relatif, elle fit paraître dès le début une force et un pouvoir extraordinaires.

« La fabrication industrielle du beurre s'est développée rapidement en Sibérie et, dès 1894, les fabriques de beurre se multipliaient avec une étonnante rapidité. Au début, elles se trouvaient toutes entre les mains de propriétaires privés, mais la rapacité des industriels et leurs spéculations introduisirent dans la fabrication des beurres de Sibérie des vices d'ordre technique. La réputation du beurre en Sibérie en fut gravement atteinte, et cet état de choses, gros de conséquences malheureuses au point de vue économique, menaçant de causer un dommage irrémédiable au pays, le système coopératif, qui jusqu'à ce jour n'avait été que souhaitable, devint alors une nécessité pour la population. Et les fabriques passèrent rapidement des personnes privées aux artels.

« Signalons ici ce fait caractéristique, que les artels acheteurs ne se montrèrent pas avides comme le sont en pareil cas les acheteurs privés. Sans chercher à exploiter la situation difficile où étaient les propriétaires de fabriques, ils payèrent ces fabriques selon leur valeur effective.

« Pour indiquer l'intensité du mouvement coopératif, notons que, en 1903, il y avait en Sibérie trois coopératives de fabricants de beurre et, quatre ans après, en 1907, plus de deux cents fabriques coopératives étaient en pleine activité. La substitution des coopératives aux personnes privées dans la propriété et la direction des fabriques n'est pas encore achevée, mais elle le sera bientôt.

« Actuellement, l'Union des Artels de Sibérie comprend deux cent vingt associations de fabriques de beurre et quarante-neuf magasins d'artels; elle a son centre administratif à Kourgan, gouvernement de Tobolsk, et des succursales à Pietropavlosk, Tchéliabinsk, Biysk, Barnoul, Kamiegne et Omsk. Le travail n'est pas encore achevé dans cette région, mais chaque année de nouvelles fabriques entrent dans l'Union et les artels ouvrent de nouveaux magasins. On projette, en outre, d'ouvrir cette année (1912) des succursales de l'Union dans les villes de Valoutorosk et d'Ichime et dans le village de Tatarskoye. »

A côté de ces résultats positifs de la coopération agricole russe, convient-il de citer ici les projets de certains réformateurs ? Maintenant que la Révolution va, selon toute apparence, distribuer les terres — ou la majeure partie des terres — entre les paysans, le problème de la grande culture se présente sous un aspect entièrement nouveau. Elle avait donné jusqu'ici des résultats décisifs : les grands domaines produisaient incontestablement plus que les terres paysannes, et c'est grâce à eux surtout que l'exportation des céréales a pris un développement réel. Va-t-il falloir l'abandonner, au grand détriment du rendement agricole, ou bien la limiter à certaines grandes propriétés soustraites à l'expropriation, ou bien encore renoncer, pour permettre l'exploitation rationnelle des terres, à la propriété paysanne? Il n'y a, semble-t-il, de solution démocratique et satisfaisante de cette difficulté que dans la culture coopérative, les exploitations étendues passant du régime privé à celui de l'association, comme ce fut le cas pour les fabriques de beurre. Mais tous les hommes pratiques affirment que les difficultés sont autrement considérables. Pourtant les expériences tentées sur une échelle assez vaste en Italie, et surtout en Roumanie, ne laissent pas d'être encourageantes et, les habitudes semi-communistes du paysan russe aidant, peut-être l'expérience plus large à laquelle paraît se préparer la jeune démocratie ne tardera-t-elle pas à constituer l'une de ses plus intéressantes originalités.

Les associations d'épargne et de crédit sont, comme on l'a vu, fort nombreuses. La plupart aident les agriculteurs à se procurer les fonds indispensables au perfectionnement de leurs exploitations. Elles s'efforcent aussi de leur procurer le crédit nécessaire pour pouvoir retarder la vente de leur blé jusqu'au printemps, c'est-à-dire jusqu'au moment où les prix sont les plus rémunérateurs. C'est là une question très importante pour l'industrie agricole du pays. Citons encore le rapport dont nous avons déjà donné un long extrait :

« Tout le monde sait depuis longtemps qu'en automne les paysans sont toujours forcés de vendre sur les marchés une grande quantité de grains à de très bas prix, car, les offres dépassant les demandes, le prix du blé baisse considérablement. Personne n'ignore que la vente du blé en gros, et surtout au printemps, est bien plus avantageuse. Aussi nous ne nous arrêterons pas au détail de ces faits. Nous ne nous étendrons pas non plus sur les causes de cet état de choses. Notons toutefois que dans la Sibérie de l'Ouest, il y a, par suite de l'immensité des espaces, des points très éloignés des centres régionaux, et les communications y sont très difficiles. Des bandes de commissionnaires et d'accapareurs de blé enveloppent cette région d'un réseau. Ils y vivent et s'enrichissent, grâce à l'ignorance des conditions du marché des grains dans lesquelles se trouvent les paysans de ces régions perdues de la Sibérie. Il arrive aussi très souvent que les marchands de blé étant de connivence entre eux, créent une baisse artificielle du prix du blé, et obligent ainsi les paysans, arrivant de loin au marché, à y vendre leur blé à un prix désigné. De plus, on n'ignore pas à quel point se pratique la fraude sur les poids et sur les mesures à l'égard des paysans marchands. Ce mal a acquis une sorte de droit de naturalisation et il est impossible de lutter contre lui. Il s'est formé même un type spécial de commis virtuoses, dont les patrons font grand cas et qu'ils paient très bien. Ces spécialistes travaillent avec tant d'adresse que les paysans ne peuvent que lever les bras d'étonnement lorsqu'ils constatent que, dans un chariot de 20 pouds de froment, il n'y en a que 18 ou 19, soit, lorsque le prix du froment est fixé à 1 rouble, une différence de 5 à 10 kopecks pour chaque poud. »

Le remède consiste à assurer au cultivateur un crédit gagé sur son blé. Mais ceci ne résout qu'une partie de la difficulté. Quand le moment de la vente est enfin venu, le paysan risque de retomber sous la coupe des intermédiaires indélicats, à moins que l'association ne vienne encore à son secours. Les organisations de crédit en arrivent donc tout naturellement à s'occuper de la vente en gros des produits, et c'est là sans doute la partie de leur activité qui peut avoir les conséquences sociales les plus importantes.

Signalons encore que les associations de crédit et d'épargne sont généralement encouragées par les pouvoirs provinciaux et que l'État vient à leur aide notamment par l'octroi de fonds importants. Nous ne pouvons enfin terminer cette revue rapide sans mentionner l'existence de nombreuses coopératives de production dans la petite industrie et dans l'industrie à domicile. Les plus anciennes semblent être les coopératives de ciseleurs sur argent, qui se trouvent pour la plupart à Moscou.

Conclusions.

Nous prions le lecteur de croire que nous n'avons eu à aucun degré la prétention d'écrire une étude sur la question sociale en Russie. On ne trouvera ici que des notes de voyage, prises au cours des quelques semaines qu'il nous a été donné de passer au pays de la Révolution. Elles n'ont d'autre ambition que de relater les impressions d'hommes de bonne foi et qui ne sont pas dépourvus d'expérience en matière ouvrière. C'est à ce titre seulement qu'elles peuvent avoir quelque valeur. Il serait vain d'en faire la base de pronostics. Peut-être même est-il téméraire d'en vouloir tirer des conclusions. Du moins aurons-nous la prudence de réduire celles-ci au minimum.

Ceux qui ne voient dans les événements actuels de Russie que le triomphe d'une anarchie irrémédiable se trompent incontestablement. Des forces constructives sont à l'œuvre et déjà, avec un peu d'attention, on en peut discerner les effets. Ce que nous avons dit du mouvement syndical et du mouvement coopératif prouve la capacité d'organisation du Russe. Elle est remarquable dans un domaine limité. Le paysan l'a héritée d'une longue série d'ancêtres, habitués à régler en commun toutes les affaires de leur vie villageoise. L'ouvrier l'apporte toute fraîche de la campagne qu'il vient à peine de quitter. Faut-il faire queue devant la porte des boulangers ? Des centaines de femmes se placeront d'elles-mêmes, sans l'intervention d'aucun policier, dans l'ordre le plus commode. La foule s'accumule-t-elle quelque part pour une manifestation ou pour un meeting, elle évoluera aisément, sans bousculades et sans cris, comme si elle était douée de quelque intelligence collective. Les masses paraissent aptes à se conduire, à s'administrer, à régler leur action bien mieux que partout ailleurs.

Mais la capacité d'organisation du Russe est pour le moment limitée. Son expérience ne s'étend pas à la libre pratique de la vie moderne. Les relations compliquées de celle-ci lui échappent en partie. Si le paysan ressent très profondément la solidarité qui le lie à son village, il comprend moins le rapport de son activité à l'ensemble de l'existence nationale. Il partagera fraternellement son blé avec son voisin pauvre. Il ne s'apercevra même pas qu'en refusant de vendre sa récolte, il affame la ville prochaine. L'ouvrier se fera tuer au besoin pour son camarade, mais il ne songera pas qu'il doit son travail à la collectivité et qu'en le refusant — ou en le réduisant — dans cette période de crise, il expose la nation entière à un danger mortel. La vaste République est comme un grand corps dont tous les organes seraient vigoureux et sains, mais sans coordination suffisante pour assurer la vie normale de l'ensemble.

La coordination peut venir. Ou nous nous trompons fort, ou elle s'opère même rapidement. Les peuples mûrissent vite à l'épreuve de la Révolution. Si c'est l'expérience qui manque à la Russie, les événements actuels permettent de réaliser en peu de semaines les progrès qui, en temps ordinaire, demandent des années. Certes, l'avenir serait mieux assuré si les leaders avaient été formés à l'école des réalités. Mais ils n'ont point vécu au contact immédiat des choses sociales. Ils se sont éduqués en exil ou en prison. L'ancien régime a tenu entièrement écartés des affaires — de toutes les affaires — ceux qu'elle n'a point exilés ou incarcérés. Il leur a fallu se replier sur eux-mêmes, leur existence s'est écoulée dans le monde des idées, non dans celui de l'action. Faut-il s'étonner, dans ces circonstances, si l'abstraction les domine souvent, détermine leurs attitudes, les empêche parfois de voir les faits?

Maintenant qu'ils se trouvent dans des conditions nouvelles, l'esprit réaliste se développe rapidement en eux. Nous dirons même qu'il se développe avec une rapidité étonnante. Pendant notre court séjour, nous avons pu observer une évolution marquée dans la façon dont les meilleurs envisageaient les choses. Il en est ainsi de ceux qui se trouvent à la tête du pays, comme des plus modestes qui, dans les ateliers, conseillent leurs camarades. Nous avons noté déjà l'extrême bonne volonté de tous, leur désir sincère et profond de bien faire. Il y a dans l'âme slave une sorte de noble candeur, qui lui fait rechercher le vrai, simplement, sans s'obstiner par orgueil dans une idée préconçue ou dans une attitude prise.

Ce sont là de sérieuses raisons d'espérer. Il en

est quelques-unes de craindre. Le lecteur a pu en apprécier plusieurs. Nous en voulons signaler une dernière. La Russie ne peut être sauvée dans la conjoncture actuelle par l'effort d'une seule classe. Il y faut le concours entier et sans réserve de toutes. Est-il acquis? Il y a, à cet égard, des symptômes troublants. Il semble que dans le monde des affaires et dans certains milieux politiques, ont ait pris le parti de bouder la Révolution, de lui refuser tout concours. On paraît enclin à la laisser se tirer seule d'affaire, au milieu des difficultés qui l'assaillent, dans le secret espoir qu'elle y succombera et qu'à la faveur d'une réaction prochaine, le parti de l'ordre, qui se sera dissimulé jusque-là, pourra ressaisir le pouvoir. On pratique, en un mot, la politique du pire. Il est des patrons qui, au lieu de réagir contre le désordre dans leurs ateliers, laissent faire comme s'ils souhaitaient que le trouble extrême de la production oblige à la fin de leur rendre tout le pouvoir qu'ils ont perdu; et la même attitude s'observe chez une minorité, heureusement peu considérable, dans tous les domaines de l'activité. Nous assistons, en somme, à une sorte de grève bourgeoise. Elle est, pour n'en dire que cela, singulièrement imprudente, car elle pourrait conduire à bien pis encore qu'à une réaction dont il serait difficile de limiter les effets. Elle pourrait précipiter la Russie tout entière dans une ruine commune et peut-être irrémédiable.

Mais la Révolution est plus vigoureuse qu'il ne paraît à l'observateur superficiel. Sa nécessité s'impose de plus en plus à ceux mêmes qui, d'abord, doutaient de sa viabilité. Elle entraîne peu à peu les récalcitrants et, à tout prendre, l'événement confirme jusqu'ici la prévision de ceux qui voient en elle le premier événement d'une ère nouvelle, et féconde, dans l'histoire de l'humanité.

CHAPITRE III

LA RÉVOLUTION DANS LES ARMÉES

I. — Notre départ pour le front.

En quittant Petrograd pour le front, nous ressentions une appréhension, une curiosité aussi grandes qu'au moment où nous mettions le pied pour la première fois en Russie révolutionnaire. Petrograd nous avait donné la sensation que la capitale était l'endroit où se précisaient le plus nettement, où se nouaient, en quelque sorte, les problèmes de la Révolution russe ; mais, dès le mois de mai 1917, ce n'était déjà plus l'endroit où ils se dénouaient. La capitale n'était alors que le centre où se répercutaient les événements dont le pays, et surtout le front, étaient le théâtre. C'était du front, de la possibilité matérielle et surtout morale d'une offensive, que dépendait dès ce moment le maintien du Gouvernement provisoire, ainsi que la guérison de la crise d'anarchie et de neurasthénie politique dont le pays souffrait depuis la Révolution.

George-Bernhard Shaw l'a dit, sous cette forme paradoxale où il y a tant de grains de vérité : « S'il est exact que pour gagner une guerre, il faut avoir un gouvernement uni et omnipotent, il n'est pas moins exact, dans les circonstances présentes, que pour avoir un gouvernement uni et omnipotent, il faut commencer par avoir une guerre... Si la Révolution russe veut être délivrée du cauchemar de la réaction, et si la République russe veut éviter de s'effondrer par le mécontentement de la classe ouvrière et la diversité des idéals de ses propres réformateurs, le Gouvernement révolutionnaire doit se fortifier par une guerre, précisément comme le Gouvernement révolutionnaire français dut le faire au dix-huitième siècle. S'il n'y avait pas eu de guerre, il eût dû en faire une. Un hasard, tellement heureux que peu de dévots hésiteraient à le traiter de providentiel, épargna aux dirigeants de la Russie l'horrible nécessité de provoquer cyniquement une guerre pour sauver le pays. La guerre est toute faite pour eux, grâce en grande partie à la folie de leurs anciens maîtres congédiés, et la Révolution l'a transformée d'une guerre dynastique pan-slave en une croisade pour la liberté et l'égalité dans le monde. Hier, c'étaient les rois de la terre qui se dressaient contre le Seigneur et ses fidèles.

Aujourd'hui, ce sont les démocrates du monde qui se lèvent et leurs dirigeants qui se concertent contre les rois; et c'est dans cette guerre sainte que réside le salut de la Russie délivrée de l'anarchie. »

C'est en prédicateurs de cette guerre sainte que nous allions sur le front. Notre voyage ne devait être ni une excursion d'amateurs ni un simple moyen de satisfaire notre propre curiosité. Le généralissime, qui nous y avait invités — c'était encore, à ce moment, le général Alexeieff, — entendait que ce fût une véritable mission de propagande. Il désirait que notre effort vînt s'ajouter à ceux qui avaient été entrepris peu de temps auparavant par les délégations de marins de la Mer Noire, par Kerensky, par Albert Thomas, afin de parfaire ce qu'il appelait la préparation morale de l'offensive.

Il va sans dire qu'une visite du front, dans ces conditions, devait nous permettre de faire des observations plus intéressantes que n'en peuvent faire généralement les missions officielles ou les journalistes en tournée. Nous allions avoir une occasion unique d'entrer en contact, de discuter librement avec les représentants des diverses opinions qui se heurtaient alors dans les armées russes. Au surplus, l'expérience nous a démontré que les organisateurs russes de notre tournée ne se souciaient guère de nous cacher les faiblesses de leur situation, bien au contraire. A telle enseigne qu'un jour, ils allèrent jusqu'à nous demander d'aller parler aux troupes rebelles d'un corps d'armée qui, refusant de retourner aux tranchées, campaient près de Buczacz et menaçaient de marcher sur Tarnopol. Si, finalement, cette visite ne se fit pas, c'est uniquement parce qu'entre temps le Gouvernement russe avait rompu les négociations et annoncé aux rebelles qu'il allait au besoin les faire rentrer dans l'obéissance par la force.

D'ailleurs, nous avons trouvé auprès des autorités militaires russes, à tous les degrés de la hiérarchie, une disposition, surprenante pour ceux qui sont habitués à la discrétion systématique de nos états-majors occidentaux, à ne rien nous cacher de ce qu'ils savaient eux-mêmes sur la situation militaire. Trois semaines avant l'offensive de Galicie, par exemple, on nous en avait communiqué les plans et la date. Partout où nous sommes allés, nous avons trouvé des preuves analogues de cette disposition communicative, dont l'opportunité pourrait certes être discutée comme règle générale de conduite dans la direction d'opérations militaires, mais qui nous est apparue en l'occurrence comme un autre cas particulier de cette touchante et cordiale hospitalité russe, pour qui le visiteur étranger est vraiment un frère, avec qui il faut tout partager, même ses secrets.

II. — A la Stavka.

C'est cette hospitalité que nous trouvâmes dès notre arrivée à la Stavka, le grand quartier général russe, qui est à dix-huit heures de chemin de fer au sud-ouest de Petrograd. Nous y débarquâmes le 6 juin. Le spacieux et confortable wagon qui nous y avait amenés, et que nous allions garder à notre disposition pendant tout notre voyage, était l'ancien wagon du général Rousski; il avait, aux premiers jours de la Révolution, servi aux délégués du Comité provisoire pour aller à la rencontre du Tsar et lui faire signer, en gare de Pskov, l'acte d'abdication.

Le généralissime Alexeieff, qui nous reçut à la Stavka, devait, le lendemain de notre arrivée, remettre son commandement au général Broussiloff. Nous eûmes donc cette singulière fortune de rencontrer les deux chefs suprêmes de l'armée révolutionnaire, l'un à la fin, l'autre au début de son commandement. Tous deux, de façon diverse d'ailleurs, nous firent grande impression.

Nous connaissions le général Alexeieff d'après ses photographies, qui montrent une vraie figure de moujik, la bouche grande, le nez large, les yeux petits et cachés sous d'épais sourcils en broussailles. Quelle surprise de trouver dans ce masque de plébéien, presque grossièrement taillé, la physionomie la plus fine, la plus expressive. Alexeieff, à vrai dire, ressemble bien plus à un professeur qu'à un soldat. Les yeux, derrière des lunettes de myope, vous pénètrent, mais sans insistance, et sourient comme baignés de bonté. La parole est lente, calme, douce. Seul, le geste des mains, aux longs doigts émaciés et fins, trahit une certaine nervosité, imputable à la fatigue de la tâche gigantesque que ce travailleur acharné accomplit depuis près de trois ans, et peut-être aussi à la douleur de ces dernières heures d'une carrière trop tôt brisée. Cependant, les paroles d'Alexeieff ne trahissent ni mélancolie ni amertume. Elles sont toutes de tranquille confiance. Il n'a pas un mot de critique contre le Gouvernement qui vient de le relever de son commandement pour une parole d'une imprudence peut-être voulue — il avait, dans un discours à des officiers, traité d'utopique la devise « sans annexions ni contributions ». Il loue sans réserves son successeur. Et, certes, ce n'est point, chez lui, une dissimulation diplomatique. Ses amis comme ses ennemis s'accordent à dire, ceux-ci pour le lui reprocher, les autres pour l'en louer, qu'il a toujours été incapable de dire autre chose que sa pensée. Sa sincérité et sa bonté éclatent dans chaque parole, dans chaque geste. Il incarne l'ancienne hiérarchie militaire russe dans ce qu'elle avait de vraiment patriarcal, et l'on s'imagine aisément que les soldats, quand il leur parlait, devaient lui répondre « père » aussi naturellement qu'il les appelait « mes enfants ». En sortant de chez lui, nous ne pûmes nous empêcher de remarquer que de pareils hommes faisaient vraiment mieux comprendre en quoi consiste le « charme slave ».

Slave aussi jusqu'au bout des ongles, mais d'un type tout différent, est Broussiloff. Nous le vîmes le lendemain matin descendre du train, arrivant des armées du Sud-Ouest, dont il venait de quitter le commandement. Dès les premiers gestes — quelques saluts, une revue et un défilé de la garde d'honneur qui l'attendait à la gare — éclatent l'énergie, la confiance en soi-même, l'aisance naturelle du commandement, tout ce qui fait le meneur d'hommes. Avec cela, rien de brutal, ni dans l'expression ni dans le geste. C'est ici qu'apparaît encore, à la différence des Allemands, voire même des Slaves germanisés d'Autriche, la finesse native du Russe. Les petits yeux perçants montrent moins de bonté, mais plus d'énergie que ceux d'Alexeieff. Le regard en est fier et vif; seule la rougeur des paupières trahit quelque fatigue. Le front haut et maigre, le nez aquilin, les lèvres minces surmontées d'une légère moustache grise et comprimées en un pli volontaire, tout cela dit : énergie. La stature est mince, fluette presque, mais l'élégance mâle, à laquelle correspond un uniforme très sobre, n'en diminue pas la vigueur. C'est un de ces hommes d'acier qui ont l'air d'être nés pour commander.

Broussiloff nous reçoit dès son arrivée au grand quartier général. Il parle suffisamment le français pour que nous n'ayons pas besoin d'interprète.

A propos de la grande offensive galicienne de 1916, dont nous le complimentions, il ne nous cache pas qu'il croit avoir été victime d'une véritable trahison de la part des gouvernants d'alors. « Sans cela, nous dit-il, l'offensive, qui avait coûté à l'ennemi 408.000 prisonniers et 800.000 tués et blessés, ne se fût pas arrêtée. Mais le Gouvernement, au moment décisif, inquiet sans doute de voir se produire une défaite totale des Autrichiens, me coupa les vivres et ne m'envoya plus de munitions. D'autre part, l'inertie des groupes d'armées d'Evert et de Kouropatkine, sur ma droite, découvrit le flanc de mes troupes en marche et me mit à la merci d'une attaque allemande par le nord. C'est depuis ce moment que j'ai la conviction que le Gouvernement était aux mains de la clique pro-allemande, dont Tsarskoé-Sélo était le centre et que, seule, une révolution démocratique pouvait sauver la Russie. »

Mais Broussiloff ne nous cache pas non plus que la Révolution, tout en sauvant le pays de la honte et de la défaite irrémédiable, a créé pour l'armée des difficultés nouvelles. Son exposé de la situation actuelle de l'armée ne trahit aucun désespoir, mais point non plus d'optimisme aveugle. Les conditions matérielles, nous dit-il, sont plus favorables à une offensive qu'elles ne l'ont jamais été. Il y a abondance de matériel d'artillerie, de munitions, de fourrage. Mais la discipline a été ébranlée, des armées entières sont minées par la propagande leniniste, démoralisées par les « fraternisations ». Toutefois, les groupes d'armées du Sud-Ouest et du Sud, qui importent le plus pour l'offensive prochaine, sont les moins attaqués. La discipline et la confiance dans les chefs s'y rétablissent peu à peu. L'offensive nous dira, conclut Broussiloff, si le moral, que nous essayons en ce moment de hausser par une propagande intense, y est suffisant pour obtenir de grands résultats stratégiques; « quant à moi, je ferai tout ce que je pourrai avec les moyens dont je dispose, et *j'espère* ».

Broussiloff résume ainsi la situation matérielle du front :

La longue période d'inactivité que l'armée russe vient de traverser lui a permis d'accumuler une grande quantité de matériel et de munitions. Ce n'est pas la production qui en règle l'arrivée, c'est le débit des chemins de fer et de la navigation fluviale, car les moyens de transport dont la Russie dispose sont incapables d'amener sur le front tout le matériel produit ou importé en un laps de temps déterminé. C'est pourquoi les fléchissements momentanés de la production à l'intérieur n'ont guère d'importance immédiate; l'armée voit encore arriver actuellement dans les parcs de réserve des munitions fabriquées avant le début de la guerre et que l'incurie de l'ancien régime avait laissées dans les dépôts. L'artillerie est beaucoup plus forte aujourd'hui que l'an passé. L'armée russe dispose d'une artillerie de campagne plus considérable que celle de l'ennemi. Quant aux artilleries lourdes, elles se valent de part et d'autre. L'artillerie de tranchée en est au stade embryonnaire des deux côtés. Les munitions d'artillerie sont en quantité suffisante pour une action offensive de grande envergure pendant plusieurs semaines; l'artillerie de campagne seule dispose dans ses parcs et parcs de réserve de plus de vingt millions de coups. Une situation très critique avait été créée, vers la fin de l'hiver, par la disette des fourrages. La crise est passée maintenant et les chevaux, dont l'importance est énorme par suite de la rareté des chemins de fer et des routes praticables aux camions automobiles, sont de nouveau en bon état.

Nous demandons à Broussiloff ce qu'il faut penser des désertions qui se seraient produites en masse après la Révolution. Elles n'ont eu d'importance réelle, nous affirme-t-il, qu'à l'arrière; c'est tout au plus s'il y a eu 10.000 déserteurs au front.

III. — Désertions et fraternisations.

Cette affirmation, pour surprenante qu'elle paraisse à première vue, n'a rien d'invraisemblable pour celui qui a vu l'armée russe, ou plutôt les deux armées russes, celle du front et celle de l'arrière.

Il y a, en effet, pour un peu plus de 2 millions d'hommes armés sur le front, une masse bien plus considérable de soldats, presque tous sans armes, à l'arrière, et notamment dans les dépôts. Leur nombre est évalué de façon diverse, mais généralement entre 8 et 12 millions. Rien de plus curieux, par exemple, que ces « bataillons de réserve » des régiments qui, tels ceux de Préobrajensky, de Volhynie ou de Finlande, ont leur dépôt à Petrograd. Il en est parmi ces bataillons qui comptent plus de 10.000 hommes, dont la plupart n'ont jamais eu un fusil entre les mains.

Que font-ils depuis trois ans ? Peu de chose assurément. L'exercice n'occupe guère que quelques heures par semaine. Il y a fort peu d'armes et de matériel d'instruction; fort peu d'officiers aussi ; la plupart des gradés qui traînent dans les dépôts n'ont jamais fait la guerre et ne connaissent que la routine de la vie de garnison. En général, la discipline n'est pas assez stricte pour que les chefs osent exiger de leurs troupes un effort d'instruction et d'entraînement vraiment sérieux. Les mouvements que l'on voit faire par les troupes de Petrograd, par exemple, sont généralement fort primitifs, et l'on se contente, le plus souvent, de continuer, par la force acquise, la petite routine casernière d'antan. On apprend aux soldats à saluer et à répondre à leurs chefs selon le rituel de l'ancien régime, que d'ailleurs l'on n'applique plus guère, à Petrograd tout au moins, depuis la Révolution.

Si l'on dispose de quelques fusils, on fait faire certains mouvements à rangs serrés avec maniement d'armes, et c'est tout. Peu ou pas de tirs, de marches d'entraînement, de mouvements en ordre dispersé, de lancements de grenade, de travaux de campagne ou de manœuvres de tranchées. Cette situation existait déjà avant la Révolution, avec cette différence qu'il y avait alors un peu plus d'exercices de parade et de discipline extérieure. Mais au fond, depuis trois ans, c'est l'inactivité, la monotonie et l'ennui de la vie de garnison du temps de paix, avec plus de paresse et plus de relâchement. Le soldat russe, « flemmard » de sa nature, ne s'en accommode pas trop mal, et apprécie beaucoup la bonne soupe et les abondantes rations de pain — trois livres par jour ! — et de *kascha,* bouillie de gruau de sarrasin qui lui sont allouées.

On s'imagine aisément ce qui a dû se passer lors de la Révolution. Elle se manifesta pour le soldat comme la suppression subite et complète de toute hiérarchie, de toute discipline. Désormais, il n'avait plus de maître et pouvait faire ce qui lui plaisait. Quoi de plus naturel que de le voir profiter d'abord de cette liberté pour prendre le train et aller voir chez lui comment les choses s'y passaient. Cela se fit d'autant plus aisément que les militaires voyageaient désormais sans billets ou titres de transport quelconques. L'anarchie générale leur permettait, en outre, d'expulser au besoin les voyageurs civils et les officiers des compartiments de première pour s'y installer à leur place. Pendant les premiers mois de l'ère de la liberté, les soldats encombraient les gares et les trains en nombre tel que, non seulement les voyages devinrent pratiquement impossibles aux civils, mais encore que la crise des transports s'en trouva sérieusement aggravée. Même au mois de juin, alors que la situation s'était déjà considérablement améliorée, nous les voyions encore prendre d'assaut tous les trains et s'installer jusque sur les marchepieds, les butoirs, et les toits de tous les wagons, les garnissant de véritables grappes humaines.

Malgré l'inconfort et le danger de cette façon de voyager, elle dut paraître tentante à un grand nombre de soldats, car on les vit quitter leurs garnisons à seule fin de parcourir un certain nombre de kilomètres en chemin de fer, même quand il n'y avait pas au terme du voyage l'attrait d'une grande ville, avec ses tentations et ses occasions de dépense. On nous a affirmé que nombre de soldats avaient ainsi parcouru pendant des semaines une grande partie du réseau, couchant dans les gares ou dans les wagons. Ils se nourrissaient des œufs durs, des saucissons noirs à l'ail et des biscuits de sarrasin que des paysannes vendent sur le quai de toutes les gares, en même temps que du thé à pleins verres.

Quel attrait cette façon de voyager pouvait-elle présenter pour eux ? Certes, ni celui du confort ni celui du paysage, dont ce genre de voyageurs se soucient fort peu. Tout simplement cette volupté de se sentir libre, de pouvoir aller seul où l'on veut et d'y faire ce que l'on veut. Au fond, c'est la même mentalité que celle du soldat belge ou français qui, délivré, par une permission, de la longue contrainte et des promiscuités de la vie du front ou des dépôts, trouve plaisir à se sentir seul et libre, et préférera, par exemple, passer la nuit à se promener dans la rue ou à dormir sur le parquet d'une salle d'attente, plutôt que d'aller retrouver dans un dortoir commun, fût-il confortable, l'atmosphère du cantonnement ou de la caserne.

En règle générale, d'ailleurs, les plaisirs de ce genre, même ceux des soldats qui, plus sagement, étaient retournés voir leurs champs ou leurs familles, les lassaient assez tôt. Aussi, au bout de quelques jours ou de quelques semaines, les déserteurs de cette catégorie avaient la nostalgie de la bonne soupe du régiment et retournaient tranquillement à la caserne.

Mais peut-on, de bonne foi, traiter de déserteurs ces pauvres hères qui ont tout simplement profité de leur liberté nouvelle pour en fêter l'avènement? Ne s'agit-il pas bien plutôt de congés irréguliers, que s'est octroyés le titulaire lui-même, pour une durée limitée par ses économies ou son plaisir?

En vérité, c'est bien à cela que se bornaient, dans l'immense majorité des cas, les « désertions » dont on a pu évaluer le nombre à un, deux, trois, quatre millions, mais dont le seul effet sur l'armée russe a été de diminuer d'un chiffre correspondant le nombre des rations de vivres que l'on distribuait à des gens oisifs, dans les dépôts et cantonnements de l'arrière.

*
* *

Est-ce à dire que le relâchement subit de la discipline produit par la Révolution n'a pas eu de répercussion du même genre parmi les troupes du front?

Personne ne songe à le prétendre. Mais il importe de ne pas oublier, d'abord, que, par la nature même des choses, le relâchement de la discipline ne fut jamais aussi considérable chez les troupes du front, mieux encadrées, plus occupées, plus près de l'ennemi, plus loin de l'atmosphère énervante, des mille tentations qui devaient agir sur les soldats casernés dans les grandes villes. Et puis, il y avait, pour tout dire, des difficultés matérielles qui rendaient les désertions ou les voyages circulaires, bien plus difficilement réalisables que pour les soldats de l'arrière. D'abord les immenses distances — des centaines de kilomètres souvent — qu'il y a à parcourir de la tranchée ou du cantonnement jusqu'à la gare la plus proche, sans la ressource de l'auto-camion complaisant ; puis, au bout de quelques journées de marche, la perspective de devoir, durant quelques autres journées, attendre une place sur le toit d'un wagon. Enfin, on comprend d'autant mieux que le nombre des désertions du front ait été minime, que pour les soldats du front, la « fraternisation » jouait le même rôle que la désertion proprement dite pour ceux de l'arrière.

Nous n'avons eu, sur le caractère et l'étendue des fraternisations, que des renseignements indirects. Dans les secteurs du front que nous avons visités, il n'y en avait jamais eu, ou bien elles avaient cessé depuis longtemps. Cependant, tous les membres du Gouvernement ou chefs militaires que nous avions interrogés à ce sujet s'accordaient à dire que, pendant les premières semaines après la Révolution, la fraternisation avec l'ennemi, sous des formes d'ailleurs diverses, était une règle presque générale sur toute la partie septentrionale du front; elle avait été assez fréquente également sur le front sud, et un peu moins sur le front sud-ouest.

La plupart du temps on se bornait à un armistice de fait, avec, de-ci de-là, une tentative d'établir ce que le Code pénal militaire appelle des intelligences avec l'ennemi : messages jetés d'une tranchée à l'autre, communications par gestes, etc. Souvent, on allait plus loin et, soit les Russes, soit les Allemands — qui, dans ce cas, agissaient apparemment d'après les ordres de leurs chefs — quittaient leurs positions pour aller, dans la tranchée et même dans les cantonnements, se mêler aux troupes ennemies et, alors réellement, fraterniser avec elles. On nous a dit que, dans certains secteurs du front nord, les Allemands allaient jusqu'à organiser, en arrière de leurs tranchées, des concerts de musique militaire, auxquels les soldats russes étaient invités et où ils se rendaient en grand nombre, quitte à rendre cette politesse le lendemain.

Il n'est pas douteux qu'incidemment ces visites réciproques aient permis aux Allemands et aux Autrichiens de recueillir des renseignements précieux sur les positions et les troupes ennemies. Ils ne se sont pas bornés à cela : tous les renseignements s'accordent à dire que les Autrichiens et les Allemands, ces derniers surtout, avaient organisé sur une grande échelle la distribution d'eau-de-vie aux Russes. Quelquefois, les soldats austro-allemands l'échangeaient individuellement contre des cigarettes et des rations de vivres; parfois aussi, c'étaient des distributions régulières qui se faisaient par centaines de litres. Il semble que les quantités d'alcool introduites de cette façon dans les lignes russes aient été suffisamment considérables pour que l'on ait pu y établir de véritables petits stocks qui, au moment de notre voyage, n'étaient pas encore épuisés. On nous a offert, dans un secteur du sud-ouest, de l'eau-de-vie de provenance allemande... Elle était excellente.

IV. — La propagande allemande.

L'effort de propagande démoralisatrice fait par les Allemands chez les Russes, surtout depuis la Révolution, est d'ailleurs formidable. Tous les jours, des ballots de littérature sont jetés par les avions au-dessus des lignes russes. On nous dit que leurs tracts sont rédigés en une langue à la fois populaire et correcte, alors qu'on nous a montré des feuilles de propagande destinées par les Russes et les autres alliés aux lignes allemandes, qui étaient rédigées en allemand d'écolier et semblaient destinées, par le fond autant que par la forme, à n'avoir auprès de leurs lecteurs qu'un succès d'hilarité.

Le fond de la propagande allemande est toujours le même : ils essaient de convaincre les Russes qu'ils sont les victimes de l'impérialisme britannique et français, pour lequel ils auraient tort de se faire tuer. C'est surtout à l'Angleterre qu'on en veut. Il y a à ce point de vue une coïncidence curieuse entre la propagande allemande proprement dite et les vues que nous entendîmes exprimer à Petrograd par certains pacifistes bolcheviki ou mencheviki internationalistes : un de ces derniers, membre influent du Soviet de Petrograd, qui portait d'ailleurs l'uniforme d'officier russe, ne parvenant sans doute pas à oublier qu'il avait eu des ennuis pour obtenir un passeport de la Sûreté militaire anglaise, après avoir joui pendant plusieurs années de l'hospitalité que la libre Angleterre accorde à tous les réfugiés politiques, n'alla-t-il pas un jour jusqu'à nous affirmer gravement que le plus grand danger qui menace l'Europe d'aujourd'hui n'est pas le militarisme allemand, mais l'impérialisme britannique !

L'illustration de cette pensée est fournie par

une carte de grand format, fort bien éditée par l'État-major allemand, avec en marge un commentaire d'une habile perfidie. Cette carte qui a été distribuée sur le front russe, par centaines de milliers d'exemplaires, montre l'Empire russe entouré de toutes parts, depuis Port-Arthur jusqu'à Arkhangel, par les tentacules de la pieuvre britannique. Les zones d'influence britannique y sont d'ailleurs teintes de la même couleur que le territoire métropolitain et colonial : elles comprennent notamment Arkhangel, Cronstadt et Aland, et en dehors de la Russie, la Perse, l'Arabie, la Syrie, la Macédoine, le nord de la France et la Belgique non envahie...

Il semble bien d'ailleurs que cette propagande, pour admirablement outillée et organisée qu'elle soit, ait le même défaut que toutes les entreprises allemandes de ce genre : elle dépasse le but et provoque finalement, par son insistance un peu lourde, une réaction psychologique qui est le seul résultat que ses auteurs n'aient pas fait entrer dans leurs prévisions. Certes, les Russes ont montré, pendant les premières semaines de l'ère révolutionnaire, une crédulité d'autant plus admirable qu'elle provient moins de leur ignorance profonde de tout ce qui est étranger, que d'un tempérament national après tout très sympathique. Il y a quelque chose d'émouvant dans l'ardeur presque mystique avec laquelle le Russe se cramponne à l'idée d'une « toute-humanité » fraternelle, et dans la confiance naïve et hospitalière qu'il manifeste à l'égard de quiconque vient vers lui avec des manifestations d'amitié. Mais il y a, malheureusement pour ceux qui cherchent à exploiter sa crédulité d'une façon trop peu scrupuleuse, un revers à cette médaille : dès que l'inévitable et finale désillusion se produit, le moujik trompé éprouve contre celui qui a abusé de sa bonne foi un ressentiment d'autant plus vif que l'abus a été plus grave.

Il paraît même que, vers la fin de l'ère des fraternisations, certains soi-disant parlementaires ennemis s'en seraient aperçus à leurs dépens. Lors de notre visite sur les fronts sud-ouest et sud, tout le monde avait fini par voir le fil blanc dont la malice allemande était cousue. Les Russes s'apercevaient qu'après tout, la Révolution allemande, qu'ils avaient crue certaine dans la première ivresse de leur triomphe, ne se produisait pas, et qu'il n'y avait quelque chose de changé que du côté de leurs tranchées. Aussi, quand nous visitâmes le front, ce n'étaient plus des cigarettes et des flacons de vodka que l'on y échangeait avec l'ennemi, mais des obus et des balles.

Toutefois, quelques jours auparavant encore, un officier allemand avait tenté de pénétrer dans les lignes russes sous le couvert du drapeau blanc du parlementaire. On le laissa venir, on le conduisit au poste de commandement le plus proche, avec tout le cérémonial réglementaire, et là, on lui demanda le but de sa visite. Il montra un papier, dont on nous fit voir l'original, qui disait textuellement que l' « État-major de l'armée allemande et austro-hongroise du Sud avait chargé l'officier porteur de ce mandat d'aller négocier avec les députés soldats russes, afin de leur exposer le point de vue des Gouvernements allemand et austro-hongrois ». Le commandement russe estima qu'il y avait là abus du drapeau parlementaire en faveur d'une entreprise de propagande démoralisatrice, et envoya le colonel allemand en Sibérie où il a le loisir de se livrer à quelques réflexions complémentaires sur le « point de vue des Gouvernements allemand et austro-hongrois ». Le dépit et la fureur du pauvre homme furent grands. Un ordre du quartier général austro-allemand est venu, au début de juin, interdire désormais toute tentative d'établir de nouvelles intelligences avec les Russes.

V. — A la VIIe armée.

Sur l'avis du général Broussiloff, nous décidâmes de nous rendre au front des armées du Sud-Ouest avant d'aller à Jassy, où nous invitait le Gouvernement roumain. Nous devions visiter successivement les trois armées qui tenaient le front de Galicie et qui allaient avoir à faire l'effort principal de l'offensive : la VIIe au centre, la IIe à droite et la VIIIe à gauche.

Il y a vingt heures de chemin de fer de la Stavka à Kamenetz Podolskii, où était le quartier général des armées du Sud-Ouest. Le général Goutor, qui venait de succéder à Broussiloff, nous y reçut. Il avait déjà pris les dispositions nécessaires pour la suite de notre voyage, qui devait se faire en auto. En effet, à partir de la frontière autrichienne, proche de Kamenetz, il n'y a plus que des chemins de fer à l'écartement occidental, sur lesquels notre wagon russe à grand écartement ne pouvait pas s'engager. Nous ne devions le retrouver qu'à Jassy. Entre Kamenetz et Jassy, nous allions faire environ 1.500 kilomètres en auto, dont guère plus de la moitié sur routes dignes de ce nom. Le reste s'est fait — et comment! — sur les pistes sablonneuses tracées à travers champs par la circulation des troupes montées, ou par des chemins que le créateur — car l'intervention humaine dans leur construction n'a jamais été clairement établie — n'avait certainement jamais destinés à la circulation automobile.

Nous devions repartir le même soir pour Buczacz, le quartier général de la VIIe armée, que nous désirions atteindre dans la nuit. Mais avant de quitter Kamenetz Podolskii, nous fûmes reçus par le Soviet des députés officiers et soldats des armées du Sud-Ouest. C'était la première fois que nous prenions contact avec un organisme de ce genre. Notre entrevue fut ce que devaient être les nombreuses séances du même genre que nous eûmes dans la suite avec les Soviets de toutes les formations et unités que nous visitâmes ; réception extrêmement cordiale, public très attentif et très sympathique écoutant notre exposé, puis questions, presque partout les mêmes, sur la situation en Belgique occupée, la possibilité d'une révolution en Allemagne, et surtout sur la conférence de Stockholm. La persistance avec laquelle on nous a questionnés sur ce dernier sujet, dans les Soviets comme dans les meetings du front, montre bien l'extrême importance qu'avait prise, dans l'esprit des soldats russes, la tentative de réunion de l'Internationale dont le Soviet de Petrograd avait fait espérer qu'elle serait une véritable conférence de la paix.

Il nous parut hors de doute, toutefois, que l'enthousiasme de l'armée pour Stockholm s'était considérablement refroidi depuis qu'il devenait de plus en plus évident que les folles espérances d'une révolution démocratique en Allemagne, comme répercussion directe de la Révolution russe, étaient démenties par la froide et dure réalité. Aussi, à une exception près — celle d'un contradicteur bolchevik, assez timide d'ailleurs, au meeting de Podgaïce — l'exposé de notre attitude à l'égard de la conférence socialiste internationale projetée ne rencontra-t-il jamais sur le front qu'une adhésion complète.

Nous eûmes le plaisir de retrouver au Soviet des armées du Sud-Ouest un des délégués des marins de la Mer Noire, rencontré trois semaines auparavant à Petrograd. Nous en rencontrâmes encore plusieurs autres par la suite. Après avoir visité Petrograd et les grandes villes de province, ces 160 délégués, envoyés par leurs camarades pour faire de la propagande pour le rétablissement de la discipline et pour l'offensive, s'étaient dispersés pour aller sur le front, où ils passèrent par les Soviets de toutes les unités. Leur apostolat eut certainement un effet considérable sur la reconstitution morale de l'armée.

VI. — Un pays de cocagne.

Aussitôt la séance au Soviet terminée, nous partîmes pour Buczacz. Peu de temps après avoir jeté un dernier coup d'œil sur la ville de Kamenetz, agréablement perchée sur une colline escarpée dominant une vallée idyllique et couronnée, comme presque toutes les villes de cette région, par les ruines d'une forteresse turque, nous atteignîmes la frontière autrichienne. C'est ici que nous trouvâmes les premières traces des combats des trois années précédentes. Les ruines du poste autrichien de douane rappelaient la première invasion de la Galicie par les Russes en 1914.

Cette invasion ne semble guère, du reste, avoir fait grand mal au pays. Certes, ici comme ailleurs, la guerre a causé des dévastations cruelles; à une centaine de kilomètres plus loin vers l'intérieur, au point où commencent les anciennes lignes de tranchées marquant la limite de l'extrême avance autrichienne en 1915, on entre dans la zone des villes et des villages ruinés et des terres abandonnées. Mais en dehors des endroits qui ont subi le contre-coup direct des opérations militaires, il semble que la Galicie et la Bukovine occupées soient une des régions de l'Europe où l'on se ressent le moins de la guerre.

D'abord, elles présentent cette particularité que c'est la seule contrée d'un pays belligérant où la plus grande partie de la population mâle adulte se trouve chez elle. Elle était partie bien entendu, lors de la mobilisation de l'armée autrichienne. Mais elle y revint peu après. C'est que la plupart des soldats de ce pays n'attendirent qu'une occasion pour se faire faire prisonniers par les Russes, afin de pouvoir rentrer chez eux. Ils n'ignoraient pas, en effet, que les Russes accordaient de grandes libertés aux prisonniers slaves. Il y eut même des unités entières de l'armée autrichienne, composées de Slovaques ou de Ruthènes, qui se rendirent sans combat, à la condition expresse qu'on les laissât retourner à leurs champs dans la partie envahie du pays. Aussi, la plupart des hommes que l'on y voit travailler dans les campagnes ou fumer la pipe à la porte de leur chaumière, portent-ils un vieil uniforme autrichien.

Nos autos traversent de pittoresques villages, formés de chaumières, aux murs crépis de blanc, aux toits de chaume de forme bizarrement tourmentée, entourées de vergers et de jardins. On ne voit guère d'arbres, d'ailleurs, en dehors des îlots de verdure que forment les villages; plus loin, c'est la plaine nue, avec des prairies et des champs de blé qui ondulent à l'infini.

Le soleil se couche, et dans tous les villages que nous traversons règne une atmosphère de fête. C'est un samedi soir. Sous l'orme qui ombrage la place de l'église, ou dans une prairie sur le bord de la route, tous les villageois, dans le pittoresque costume des paysans et des paysannes ruthènes, où les uniformes des « prisonniers » autrichiens mettent des taches grises, se sont réunis pour la danse, autour des violoneux postés au pied d'un arbre. Tout le monde, y compris les danseurs, chante, et ces chœurs à deux et à trois voix se marient au son des violons. A 10ʰ30, nous voyions encore toute la population d'un village tourbillonner ainsi, au bord de la route, en chantant des mélodies gaies, pendant que nous songions, dans l'auto qui nous emportait, aux souffrances de la Belgique occupée...

*
* *

Mais d'autres surprises nous étaient réservées. Vers 11 heures du soir, nous traversions une petite ville, Tchertkoff. Sur la grand'place endormie, une grande maison vivement illuminée. C'est le plus grand des « cafés » de l'endroit où, comme dans toute ville ou bourgade autrichienne, la majeure partie de la population vient passer le plus clair de son temps. Nous y entrons. Une foule gaie, parsemée de quelques officiers russes, s'y presse. Elle ne fait guère attention à nous et nous laisse tranquillement nous installer à la seule table restée libre. Sur celle-ci comme sur les autres, il y a des corbeilles chargées de gâteaux et d'un délicieux pain blanc au lait et aux œufs, qui, aux corinthes près, nous rappelle le « cramique » bruxellois. Avec cela d'excellent café à la crème, comme on n'en trouve que dans les cafés autrichiens. Nous laissons à penser combien nos estomacs se trouvaient à la fête, après deux mois de « restriction volontaire » à Londres, de *Resbrödkort* en Suède, et de l'horrible viscosité noire qui nous avait été servie comme pain à Petrograd !

Nous avons retrouvé la même abondance, plus tard, dans les autres villes autrichiennes que nous avons visitées. A la réflexion, elle n'a rien qui puisse surprendre. L'Autriche occupée, grande comme toute la Belgique, est une région purement rurale ; les rares villes et bourgades que l'on y rencontre ne sont que des marchés agricoles. Le sol est fertile. Les produits de toute espèce y abondent. Leur exportation est pratiquement impossible : il y a, d'un côté, la barrière des tranchées et de l'autre l'impossibilité de se servir des rares chemins de fer pour autre chose que des transports militaires. L'armée russe d'occupation fournit une surpopulation juste assez dense — sauf aux abords immédiats du front, où les concentrations de troupes ont un peu plus de peine à se ravitailler sur place — pour que les habitants puissent écouler le surplus de leurs produits à des prix notablement supérieurs au coût habituel, très minime d'ailleurs, de la vie. Ainsi s'explique que, économiquement, cette région que l'on pourrait croire dévastée par trois invasions en trois ans, est un vrai pays de cocagne, comparativement à n'importe quel autre pays d'Europe, belligérant ou neutre.

Ajoutez que le régime de l'occupation russe est d'une mansuétude extraordinaire. On en a déjà vu un exemple par la présence des prisonniers relâchés, qui promènent leurs uniformes autrichiens depuis la frontière de Podolie jusqu'aux tranchées de deuxième ligne. D'une façon générale, la présence de l'armée russe ne semble inspirer en rien aux civils la terreur que, dans nos régions par exemple, le souvenir des cosaques réveille encore chez les arrière-petits-fils de ceux qui ont vu 1815.

Il n'est guère douteux cependant que, dans certains cas, les Russes de 1914, en Prusse Orientale par exemple, se soient montrés les dignes descendants de leurs ancêtres. Mais dans tous notre voyage en Galicie, nous n'avons pas rencontré une seule trace de déprédations. Au contraire, à chaque pas se manifeste l'extrême respect des Russes pour les droits de la population occupée. Et ce n'est pas uniquement à cause des affinités de race et de langue. L'habitant n'a pas, en général, une très « bonne presse » auprès du soldat russe, qui l'accuse de l'exploiter en lui faisant payer les vivres beaucoup trop cher.

Politiquement, il serait exagéré de prétendre que la population manifeste quoi que ce soit qui ressemble à de l'enthousiasme pour la Russie. Seuls les Ruthènes proprement dits, considèrent vraiment les Russes comme des libérateurs. La grande masse de cette population paysanne se désintéresse évidemment de la guerre, en tant qu'événement politique ; elle ne songe qu'à ses intérêts matériels immédiats. Elle subit avec indifférence le flux et le reflux des occupations, alternativement russes et autrichiennes, et cherche seulement à en tirer le plus de profit qu'elle peut. Une minorité enfin, composée d'une partie de la population juive et allemande des villes, est évidemment hostile aux Russes et souhaite le retour du régime autrichien; les Allemands d'Autriche pour des motifs évidents, les Juifs, surtout par ressentiment séculaire, que la Révolution russe a à peine atténué, contre l'oppression de leur race en Russie.

*
* *

Cette hostilité d'une minorité des populations urbaines s'affirme ouvertement. Est-il une preuve plus éclatante de la mansuétude du régime russe? Des Belges et des Anglais que nous rencontrâmes en Galicie, étonnés de voir les Russes s'accommoder bénévolement de l'attitude haineuse et narquoise qu'affichaient par exemple des jeunes gens juifs dans les cafés, allaient jusqu'à se moquer de la « veulerie » des Russes. C'était après un meeting en plein air que nous avions fait à Tarnopol. Un millier de civils autrichiens, hommes et femmes, s'étaient mêlés à notre auditoire de soldats, et, à un moment donné, un auditeur avait, paraît-il, manifesté à haute voix son hostilité contre la thèse que nous défendions. Les soldats russes qui l'entouraient l'avaient prié poliment de se taire, mais sans le molester le moins du monde, au point que l'incident avait passé inaperçu de celui d'entre nous qui avait la parole à ce moment. Une pareille tolérance avait certes de quoi étonner des Occidentaux. Mais ils avaient tort, croyons-nous, de la traiter de veulerie. Nous, qui avions eu pendant plusieurs semaines, en Russie même, des preuves constantes et tout aussi surprenantes de l'extrême respect de la liberté d'opinion qui caractérise ce peuple bon enfant, en fûmes bien moins surpris. Certes, on peut admettre qu'il entre une part d'indolence native, de « nitchevoïsme », dans la douceur avec laquelle l'Administration russe traite les habitants de ce territoire ennemi. Mais au fond, cette attitude correspond évidemment à la disposition psychologique moyenne du Russe pris individuellement. Elle est surtout une manifestation de cette bonté naïve, de cette passivité évangélique, de cette hospitalité foncière qui sont les traits les plus saillants de l'âme russe.

Comment expliquer autrement que ces mêmes Russes, qui ont partout, dans leur propre pays, enlevé, gratté, brûlé les moindres effigies ou inscriptions rappelant le régime tsariste, eussent laissé subsister en Galicie et en Bukovine tous les symboles autrichiens? Partout, on pouvait voir sur les bâtiments publics les aigles autrichiennes et les inscriptions allemandes, superflues cependant dans ce pays où l'on ne parle que ruthène, slovaque ou polonais. Il n'est pas jusqu'aux anciens débits de tabac du monopole autrichien qui n'eussent gardé leurs écussons noirs et jaunes. A Czernowitz, le général Korniloff nous reçut, à son quartier général établi dans l'ancien palais du gouverneur autrichien, assis sous un grand portrait en pied de l'empereur François-Joseph. Or, en Russie on chercherait vainement un portrait du Tsar, dont subsisterait autre chose que le cadre !

Dans la même ville, nous étions allés, accompagnés de deux officiers, faire quelques emplettes dans un magasin. Il était tenu par des gens dont l'accent viennois trahissait clairement l'origine. On enveloppa nos emplettes dans un numéro de l'*Arbeiter Zeitung* de juillet 1914. L'un de nous, qui avait été étudiant à Vienne, observa : « Tiens ! cela me fait tout de même quelque chose de revoir l'*Arbeiter Zeitung* d'avant la guerre ! » Et le boutiquier de déclarer aussitôt, avec un gros soupir : « Ah ! Monsieur, si seulement nous pouvions recommencer bientôt à le recevoir chaque matin comme naguère ! » Nos amis russes se contentèrent de sourire de l'allusion. Mais nous, nous songions à ce qui se serait passé si un boutiquier belge s'était livré à une manifestation de ce genre devant des officiers allemands dans la zone d'étapes, ou bien si un habitant de Noyon avait, devant un officier français, exprimé le regret de ne plus recevoir la *Liller Kriegszeitung!*

Nous devions avoir un autre exemple de la tolérance russe lors de notre arrivée à Buczacz. Il était 1 heure du matin, et le quartier général ne s'attendait pas à notre arrivée en pleine nuit. La majeure partie de la ville ayant été démolie par les bombardements, les logements y étaient rares. Pour nous installer, on fit évacuer par les officiers et soldats qui l'occupaient une petite villa restée intacte, dans un faubourg de la ville. Le lendemain, au réveil, nous inspectâmes les lieux qui avaient visiblement servi de cantonnement aux troupes russes pendant plusieurs mois. Sur tous les murs s'étalaient les photographies de celui qui de toute évidence était l'ancien maître du logis, un commandant de l'armée autrichienne, représenté dans tous ses uniformes. On n'avait touché ni aux portraits ni aux autres souvenirs qui rappelaient la personnalité des propriétaires. Encore une fois, se représente-t-on des soldats belges ou français logeant pendant des semaines sous le regard martial d'un « casque à pointe » en effigie?

VII. — La 108e division.

Après une très cordiale réception par le général Belkovitch, commandant la VIIe armée, et son état-major, et une longue séance avec le Soviet d'armée, nous allions prendre contact pour la première fois avec les troupes du front. L'infanterie de la 108e division se trouvait au demi-repos, à une cinquantaine de kilomètres de Buczacz, au nord de Podgaïce. Le commandant d'armée avait donné ordre de la rassembler. Deux heures d'auto sur d'horribles pistes poudreuses, serpentant à travers le paysage grandiose et nu des plateaux galiciens, nous conduisirent au lieu de rassemblement. Là, nous eûmes une des impressions les plus saisissantes de tout notre voyage.

Nos autos suivaient le fond d'un vallon désert lorsque, tout à coup, à un tournant, nous découvrîmes, à quelques centaines de mètres, le long ruban brun des troupes massées sur les deux bords du chemin creux que nous suivions. De cette masse de plus de 9.000 hommes ne se détachaient que le scintillement des cuivres des musiques jouant la *Marseillaise* et le chatoiement des bannières écarlates. Pour la première fois, nous voyions une armée marchant sous le drapeau rouge de l'Internationale. Cette vision nous rappela nos grands cortèges ouvriers d'antan, et vraiment, s'il n'y avait eu au fond du paysage des collines galiciennes au lieu des terrils de nos bassins houillers, nous eussions pu nous croire transportés, par un coup de baguette de fée, auprès d'une de ces foules ouvrières dont la guerre nous a séparés depuis trois ans.

Nous descendîmes d'auto pour serrer la main au général divisionnaire Stéphanovitch, venu à notre rencontre. Avec lui, nous passâmes en revue les trois régiments, en marchant pendant vingt minutes entre la double haie des compagnies alignées. L'impression était de nouveau purement militaire : pas un muscle de ces figures hâlées ne bougeait, pas un geste, si ce n'est le salut martial et raide des officiers, ne rompait l'immobilité correcte de l'alignement. Puis, sur un signe du général, tandis que nous nous placions sur une éminence au bord du chemin, les rangs se rompirent, et cette masse se rua vers nous, entraînant dans ses remous le général, les officiers, les drapeaux, les musiques, pour former silencieusement, au bout de quelques secondes, un auditoire. En un instant, la revue devenait réunion publique, les lignes rigides de la troupe avaient fait place à la houle pittoresque d'une assemblée en plein air.

La succession des impressions avait été tellement surprenante que celui d'entre nous qui devait parler le premier s'en trouva presque décontenancé. Rien n'avait trahi jusqu'à présent ce que pensaient, ce qu'attendaient de nous ces soldats portant des drapeaux rouges : troupe alignée, leurs visages n'exprimaient que la rigidité mécanique du soldat discipliné ; foule massée spontanément autour de nous, nous ne pouvions y lire que la curiosité.

Mais dès que notre interprète, qui traduisait le discours phrase par phrase, eut dit en russe les premiers mots : « Ce drapeau rouge sous lequel vous allez combattre est aussi le nôtre... », ce fut une explosion surprenante, formidable, inouïe d'un délirant enthousiasme. Les hourras frénétiques couvrirent les *Marseillaise* et les *Brabançonne* que les musiques régimentaires jouaient à pleins cuivres. Et il en fut ainsi, après chaque phrase, après chaque allusion aux souffrances de la Belgique, à la solidarité entre les Alliés, à la responsabilité de la Révolution russe devant le socialisme et l'Internationale, à la nécessité de sauver son honneur en rompant par l'offensive l'inactivité du front oriental !

Les conseils d'amis connaissant bien la psychologie du peuple russe et une certaine expérience personnelle des auditoires de Petrograd, de Moscou et de Kieff nous avaient appris à nous tenir sur nos gardes contre les emballements quelquefois puérils et passagers de ce public très impressionnable, très hospitalièrement disposé de prime abord à l'égard des étrangers, très avide d'entendre parler, alors que ce fut si longtemps interdit, et très aise, surtout en ce qui concerne les jeunes soldats, de pouvoir manifester bruyamment à quelque sujet que ce fût.

Aussi nous défendions-nous de notre mieux de céder à l'enthousiasme collectif. Mais il n'y eut plus de doute possible sur le véritable sentiment de notre auditoire dès que les porte-parole des soldats eux-mêmes commencèrent à parler et qu'on nous traduisit leurs discours. Ils nous dirent tous, en termes touchants, leur admiration pour la Belgique et leur attachement à l'Internationale, que nous représentions à leurs yeux; leur volonté surtout de parfaire l'œuvre de la Révolution russe par la guerre offensive contre les dernières autocraties de l'Europe. Il n'y eut qu'une tentative, assez timide il est vrai, de contradiction, de la part d'un soldat bolchevik qui, avec le désir évident de nous embarrasser, nous posa une question sur la conférence de Stockholm. Mais sa question et notre réponse « que nous étions aussi peu disposés à fraterniser avec les suppôts du Kaiser à Stockholm que dans les tranchées » furent accueillies de telle façon que le bolchevik, mis en demeure moqueusement par ses camarades d'exposer ses vues, se perdit dans la foule, sans autrement insister.

Le soleil se couchait quand la manifestation prit fin et ce ne fut pas sans peine que nos autos, vers lesquelles nous avaient portés les robustes épaules des soldats, purent démarrer pour regagner Buczacz.

VIII. — Un corps d'armée rebelle.

En route, nous fîmes une autre rencontre, non moins impressionnante. Sur des hauteurs que dorait le soleil couchant, d'interminables colonnes, se rendant vers le front, nous croisaient. Toutes étaient précédées de drapeaux rouges, dont on nous traduisit quelques inscriptions : « Vaincre ou mourir ! » — « Aux tranchées pour la liberté ! » — « Défendons la liberté russe ! » et celle-ci, relevée sur le drapeau d'une brigade d'artillerie montée : « Nos canons vont tonner pour la liberté ! » — Rien de pittoresque comme l'aspect de ces troupes, recouvertes de la poussière d'une longue marche, traînant avec elles un charroi qui semblait dater du premier Empire et chantant la *Marseillaise* sur ce mode lent et grave qu'affectionnent les Russes. Le défilé de l'artillerie surtout, qui formait la majeure partie de ces caravanes, était très caractéristique. Tel groupe d'officiers supérieurs, dont deux étaient assis dans une vieille calèche poudreuse, traînée par un cheval fatigué, tandis que deux autres marchaient dans la poussière, en se tenant d'une main au véhicule, eût tenté un Meissonnier.

Or, ces colonnes que nous voyions marcher vers les tranchées étaient les troupes fidèles du 7e corps sibérien, dont une moitié venait de se rebeller.

Ce corps, qui faisait partie de la VIIe armée, se trouvait au repos depuis plusieurs semaines, après un long séjour aux tranchées. La propagande bolchevik, aidée, à ce que l'on nous affirma de source fort sérieuse, par des émissaires austro-allemands, y prit beaucoup d'importance et suscita un mouvement de rébellion contre l'autorité du commandant d'armée. Les rebelles demandaient à être envoyés, pour deux ou trois mois, dans une ville de l'intérieur de la Russie. Ils invoquaient comme motif qu'ils désiraient non seulement se reposer, mais aussi s'informer à loisir de la situation politique et internationale ; après quoi ils décideraient s'ils participeraient à l'offensive. A leur tête se trouvait un lieutenant-colonel, qui était parvenu à entraîner environ les deux tiers de l'infanterie du corps. Le reste de l'infanterie, toute l'artillerie et les autres armes spéciales, soit à peu près la moitié de l'effectif total, se refusèrent à écouter les propagandistes de la désertion. Ils résolurent de se séparer entièrement d'eux et décidèrent qu'ils iraient au front tout de suite et de leur propre volonté. C'étaient ces derniers que nous croisions.

Aussitôt que nous sûmes à quoi nous en tenir, nous nous arrêtâmes auprès d'un groupe de fantassins en marche, pour les haranguer. On s'imagine aisément que ce que nous dîmes à ces braves leur fit plaisir et qu'ils le manifestèrent bruyamment. Longtemps après que nous les avions quittés, nous pouvions encore, en regardant en arrière, voir les bonnets de fourrure s'agiter aux bouts des longues baïonnettes que faisaient scintiller les derniers rayons d'un glorieux soleil couchant.

Nous garderons longtemps le souvenir de ce paysage épique et de scènes qui, irrésistiblement, nous firent songer aux jours héroïques de 1792. Avec quelle ferveur souhaitions-nous, ce soir-là, en voyant les drapeaux rouges guider ces hommes vers le couchant, qu'ils les conduisissent à une grandiose répétition de Jemmapes et de Valmy ! La réminiscence s'imposait tellement que l'un de nous cita les paroles de Goethe à son entourage, le soir de Valmy : « De ce jour date une ère nouvelle dans l'histoire du monde, et vous pourrez dire : j'y étais. »

Mais, serait-ce Valmy ? ou serait-ce Neerwinden ? Quelques semaines après, l'événement devait nous fixer : cela commença comme Valmy ; cela finit comme Neerwinden.

IX. — Un terroriste fonctionnaire.

Revenus à Buczacz, nous apprîmes que l'affaire du 7e corps sibérien devenait grave. Les rebelles venaient de repousser les propositions conciliantes du commissaire du Gouvernement auprès de la VIIe armée. Ils menaçaient de marcher sur Tarnopol, pour aller s'y cantonner de leur propre autorité. Ce qui rendait la situation difficile, c'est qu'ils avaient gardé avec eux toutes les mitrailleuses de l'infanterie, qui, néanmoins, continuait à se détacher d'eux par petits paquets, pour suivre l'artillerie sur le front.

Le général Belkovitch jugeant que notre intervention pouvait être utile, il fut décidé que, le lendemain, nous irions visiter les rebelles dans leurs cantonnements, à deux heures d'auto de Buczacz.

Le lendemain matin, la situation était encore plus tendue. Le commissaire du Gouvernement avait, après le rejet de ses propositions, rompu les négociations avec les rebelles, en leur laissant comme dernière ressource l'assurance que s'ils avaient de nouvelles propositions à faire, il attendrait leurs délégués jusqu'au soir. Dans ces conditions, il insista pour que nous renoncions à notre démarche. C'était une vue trop sensée pour que nous ne nous y rallions pas. Nous décidâmes donc qu'au lieu d'aller voir les rebelles, nous irions haranguer une partie de l'infanterie retournée volontairement au front.

Avant de partir, nous eûmes une longue conversation avec le commissaire du Gouvernement en question. Il n'était autre que le socialiste révolutionnaire Savinkoff, et il avait à son actif plusieurs attentats terroristes, dont le plus retentissant fut celui contre Plehve à Odessa. Le terroriste d'Odessa, en uniforme kaki, représentait maintenant le Gouvernement et prêchait aux troupes la discipline et le devoir national. Et il semblait être *the right man in the right place*. C'était certainement l'avis du commandant de la VIIe armée, vieux soldat formé cependant à une école toute différente de celle de la Révolution russe. Tout en ne cachant pas son aversion à l'égard de l'institution des « commissaires aux armées », dans laquelle il voyait une tentative d'empiétement sur l'autorité des chefs hiérarchiques, il reconnaissait loyalement que Savinkoff lui rendait de grands services pour le rétablissement de la discipline et que « c'était plaisir, au surplus, d'avoir des relations personnelles avec un homme aussi raisonnable ». Aussi bien, s'il faut en juger par la façon, à la fois ferme et prudente, dont il conduisit l'affaire du 7e corps sibérien, Savinkoff, qui allait être bientôt ministre de la Guerre, méritait cette appréciation flatteuse.

Nous apprîmes, quelques jours plus tard, que la question du 7e corps avait été, grâce à sa diplomatie, résolue d'une façon satisfaisante. Dès que le Gouvernement eut décidé d'employer la force pour réduire les rebelles, ils lâchèrent pied et abandonnèrent leurs meneurs. Pour les punir, et pour faire droit en même temps à la demande des troupes fidèles qui refusaient de se retrouver dans les mêmes unités avec des traîtres, on les renvoya immédiatement sur le front, en petits paquets répartis entre diverses unités.

*
* *

Une heure d'auto nous conduisit, par Monasterjiski, au petit hameau où nous devions retrouver quelques milliers de fantassins du 7e corps qui avaient « déserté vers le front ». Nous leur parlâmes du perron d'une petite église, autour de laquelle s'étendaient des vergers, les chaumières du village étant dispersées dans un assez grand rayon. Comme il y avait parmi ces Sibériens un assez fort pourcentage d'ouvriers industriels, la note socialiste fut particulièrement accentuée dans les manifestations de l'assemblée.

X. — De Buczacz à Iczierna.

Le même jour, nous quittions Buczacz et la VIIe armée pour le quartier général du corps de droite de la XIe armée : le 6e corps, cantonné à Iczierna.

Le voyage en auto, comme ceux des deux jours précédents, fut fertile en observations sur les traces des opérations militaires qui, depuis 1914, avaient eu cette région pour théâtre. La plupart des villages que nous traversions étaient en grande partie détruits par les bombardements. Quelques-uns avaient été complètement abandonnés par leurs habitants, et toute la contrée environnante, laissée en jachère, était envahie par de véritables jungles, à la floraison multicolore. Sans cesse, nous traversions d'anciennes lignes de tranchées et de fils de fer barbelés. Les trous d'obus et les petites croix en bois le long des routes marquaient les endroits où les combats avaient été le plus vifs.

Dans cette région légèrement ondulée et à végétation basse, les endroits sont nombreux où l'on embrasse d'un coup d'œil toute l'ancienne organisation du terrain sur plusieurs kilomètres d'étendue. On croirait alors avoir sous les yeux, sur ce sol uni et nu, où les zigzags des tranchées et des boyaux et les bandes rousses des réseaux de fils barbelés forment les seuls accidents continus visibles, de gigantesques plans de bataille. Il ne faut pas un bien grand effort d'imagination, grâce aux entonnoirs d'obus décelant les préparations d'artillerie et aux trous individuels dont le mouchetage trahit la progression des troupes d'assaut, pour se représenter les actions souvent sanglantes qui ont marqué ici le flux et le reflux des forces ennemies pendant trois ans.

Une impression particulièrement tragique nous attendait à quelques kilomètres au nord de Buczacz. Le pays était entièrement désert avec ses champs en jachère et formant un immense plateau, sans un arbre, sans un arbuste. Comme nous arrivions à un carrefour, l'officier russe qui nous accompagnait nous dit : « Regardez ! » Nous ne vîmes que les deux routes, et à gauche de la principale, à quelques centaines de mètres l'un de l'autre, deux pans de murs ruinés, en pleine brousse : tout ce qui restait d'une petite ville jadis prospère. Les pans de murs indiquaient l'emplacement des deux églises et avaient sans doute été laissés debout en guise de placards indicateurs. Quant aux habitations, il ne restait même plus trace de leurs ruines. Nous quittâmes l'auto, cherchant à découvrir au moins des décombres, mais partout ce n'était que végétation nous venant à mi-corps, graminées folles, fleurs sauvages aux mille couleurs, où butinaient des nuées de papillons blancs. De temps en temps le pied butait contre une brique ou contre une éminence, reste de quelque mur. La seule trace visible qui restât des habitations se trouvait être des puits, dont les margelles avaient été reportées à ras du sol, et qui semblaient de gros yeux noirs regardant le ciel.

C'était, assurément, ce que nous avions

jamais vu de plus complet, de plus diaboliquement raffiné comme dévastation, car on ne s'était pas contenté de démolir, mais on avait encore enlevé tous les matériaux pour les jeter sur les routes et dans les fossés.

Qui avait fait cela? Ce n'étaient ni les Russes ni les Autrichiens. Les Allemands avaient passé par là en 1915. Prétendant que des francs-tireurs avaient, des maisons, tiré sur eux, ils avaient fait un exemple avec la *Gründlichkeit* qui caractérise toutes leurs méthodes. Cela explique que dans cette partie de l'Autriche, la population, qui affiche une certaine indifférence quand on lui demande qui elle préfère, des Russes ou des Autrichiens, répond au contraire d'une façon très catégorique quand on la questionne sur ses sentiments à l'égard des Allemands.

*
* *

A Tarnopol, où nous nous arrêtâmes cinq minutes, nous eûmes la joie de découvrir tout à coup, parmi la masse grise d'un groupe de soldats attroupés au coin d'une rue, la tache rouge de quelques « pinnemuts », bonnets de police bleus à gland rouge des soldats des autos blindées belges, qui se trouvent dans cette région depuis près de deux ans. Nous quittâmes nos compatriotes en leur disant au revoir, car nous devions les retrouver le même soir à Iczierna, où ils ont leur cantonnement, qu'ils rejoignirent peu après nous.

XI. — Notre visite au 6e corps.

Les heures passées à Iczierna compteront parmi nos plus beaux souvenirs. Est-ce l'exaltation de nous être retrouvés, cette fois, sur un vrai front de bataille, est-ce la cordialité particulièrement sympathique dont nous entourèrent le général Nottbeck et son état-major, est-ce la présence de nos compagnons d'armes des autos blindées belges qui nous y refaisaient comme une petite patrie de l'Yser? Ce fut tout cela, et, en plus, l'accueil extraordinairement enthousiaste que notre propagande reçut parmi les troupes du 6e corps.

Ici, on se sentait déjà bien plus près du front qu'aux quartiers généraux d'armées et de groupes d'armées, par lesquels nous venions de passer. On s'en apercevait aux détails matériels de l'existence (campement improvisé dans les bureaux de l'état-major du corps, repas en pique-nique, où l'appétit et la gaieté des convives suppléaient à la frugalité des mets), mais surtout à l'atmosphère de bonne camaraderie guerrière qui régnait parmi les officiers, dont le mess nous rappelait, trait pour trait, les mess de chez nous.

D'ailleurs, c'était pour nous aussi, pour un jour tout au moins, la vie du front. Avant 7 heures du matin, l'un de nous avait déjà essuyé le feu des canons autrichiens, en survolant, dans un biplan d'observation russe, les lignes ennemies. Avant midi, nous avions fait, avec le général Nottbeck, une promenade étendue aux tranchées de première ligne, et, pour la première fois depuis longtemps, nous y avions entendu de nouveau la musique des obus et des balles.

Ces excursions, d'ailleurs, n'avaient pas seulement un intérêt de curiosité. En survolant à 800 ou 900 mètres les lignes autrichiennes, turques et allemandes sur tout le front de l'offensive projetée, le lieutenant de Man avait pu faire des observations fort intéressantes sur l'organisation de ce front. Et notre visite en première ligne nous permit de nous rendre compte de bien des particularités qu'il était bon de connaître pour pouvoir apprécier les conditions dans lesquelles l'offensive allait se produire.

Nos constatations peuvent se résumer comme suit :

Nous avons été surpris de trouver que les positions et tranchées sur le front russe, ou du moins sur la partie que nous avons reconnue et que l'on nous dit typique, ressemblent beaucoup plus à ce que l'on voit sur le front occidental qu'on ne se l'imagine généralement chez nous. L'aspect du secteur de Konincki-Brzezany, notamment, ne diffère guère de celui d'un secteur « calme » du front occidental, à part que, vu la rareté relative de l'artillerie, il y a, sur un front déterminé, moins d'entonnoirs d'obus et de cratères de mines.

Toutefois, la proportion des pertes journalières par division est à peu près la même que chez nous. On nous a communiqué le nombre quotidien de tués et blessés pendant les derniers mois pour toutes les divisions du 6e corps, qui occupe un secteur dit « calme » ; ces chiffres sont sensiblement les mêmes que ceux des divisions belges pendant la même période. La proportion des pertes par le feu de l'infanterie y est légèrement plus forte que chez nous.

Il était aisé de constater, d'autre part, que les positions ennemies étaient beaucoup plus fortement organisées que celles des Russes. Des officiers ayant parcouru diverses parties du front, de la Baltique à la Mer Noire, nous dirent qu'il en était de même partout. Ce n'est point que les

Russes disposent d'effectifs moindres pour faire des travaux. Au contraire, ils ont en ce moment une écrasante supériorité numérique. Le nombre des divisions en présence sur la ligne de bataille était en juin comme cinq est à trois, mais étant donné que les divisions russes sont à effectifs bien plus nombreux que les divisions allemandes, autrichiennes, turques et bulgares, le nombre des Russes sur le front est au moins double de celui de leurs ennemis. N'oublions pas, en outre, que pour un soldat russe sur le front, il y en a bien quatre dans les formations de réserve et dans les dépôts.

A raison même de leur infériorité en effectifs, les Austro-Allemands ont fait un effort immense, en y employant sans doute des troupes de second ordre, ou fatiguées, pour organiser leur front de façon à obtenir un maximum d'effet défensif avec un minimum d'occupation. Dans le secteur où se préparait l'offensive du 1er juillet, par exemple, les tranchées ennemies de première ligne constituaient un système de quatre, cinq ou six lignes parallèles, alors que les tranchées russes d'en face ne formaient en général qu'une ou deux lignes. De plus, les tranchées ennemies étaient beaucoup plus profondes que les tranchées russes. Enfin, ce qui frappait surtout, c'était l'abondance extraordinaire des réseaux de fils de fer qui protégeaient les positions autrichiennes, jusqu'à une grande distance à l'arrière de la première ligne. A certains endroits où les tranchées russes et autrichiennes étaient assez distantes — jusqu'à 800 et 1.000 mètres, de part et d'autre d'un vallon — les premières lignes autrichiennes étaient protégées par quatre réseaux continus et parallèles de fils barbelés, où prédominaient les réseaux à ras du sol et les amoncellements de chevaux de frise.

Le contraste était frappant, non seulement entre les positions autrichiennes et les positions russes qui leur faisaient face, mais aussi entre les lignes actuelles de l'ennemi et les travaux anciens qu'il a successivement abandonnés et que l'on rencontre, presque intacts encore, entre le front d'aujourd'hui et la frontière austro-russe. Le nouveau front ennemi était infiniment plus fort que ne l'était le mieux organisé des fronts anciens.

Comment expliquer la faiblesse relative des positions russes? Il n'est pas douteux qu'il faille en chercher le motif principal dans l'infériorité de l'industrie et des moyens de transport. C'est ce qui détermine surtout la rareté, dans les travaux russes, du béton et du fil de fer. Mais cette explication n'est pas suffisante, car même avec les matériaux — les pierres du sol et le bois des forêts — qu'ils avaient sous la main, les Russes eussent pu faire mieux, creuser plus de tranchées et de boyaux, les mieux aménager, et construire des abris plus confortables et plus résistants. Il n'est donc pas douteux qu'il faille attribuer leur faible organisation à leur indolence native et à leur tempérament fataliste. Il y a, bien entendu, une justification théorique de cette situation. Les généraux russes nous dirent que si l'ennemi avait des positions bien plus fortes, c'était parce que la pauvreté de ses effectifs le condamnait à la défensive, tandis que les Russes, sachant l'ennemi trop faible pour attaquer, et se préparant eux-mêmes à l'offensive, se contentaient, en fait de tranchées de première ligne, de parallèles de départ juste assez protégées par des fils de fer pour que l'ennemi ne puisse pas venir s'y promener librement la nuit. Mais il est juste de dire que ceux qui nous exposaient cette théorie ne semblaient pas eux-mêmes fort convaincus de sa valeur.

*
* *

Les généraux russes avec qui nous nous sommes entretenus se rendaient parfaitement compte que leur offensive projetée aurait à vaincre des difficultés matérielles beaucoup plus considérables que celles des années précédentes. Il faudrait évidemment des préparations d'artillerie beaucoup plus fortes qu'en 1916, pour détruire les premières lignes et les réseaux ennemis avant de passer à l'attaque. Ils en comprenaient d'autant mieux la nécessité que les soldats qui avaient fait l'offensive de 1916 avaient gardé le souvenir cuisant de ce qu'il en coûtait de vouloir avancer avant la destruction complète des fils barbelés autrichiens. Le général Nottbeck nous disait notamment : « Il faut que, cette fois, le fantassin russe, avant de recevoir l'ordre d'attaque, n'ait plus la moindre appréhension de trouver devant lui des réseaux insuffisamment démolis. Aussi, quand il nous demandera, après la première journée de pilonnage du front ennemi, si le moment d'attaquer est venu, nous lui dirons d'attendre, et nous lui donnerons pendant une deuxième journée le spectacle des explosions réduisant en bouillie les défenses ennemies. Puis, le soir du deuxième jour, nous lui dirons de nouveau d'attendre, et ce ne sera qu'après une troisième journée de préparation, quand il aura commencé à s'indigner d'un tel gaspillage d'obus, que nous lui dirons : en avant ! »

Le 6e corps disposait pour sa préparation

d'artillerie sur la partie de la première ligne ennemie qu'il allait devoir attaquer, d'une moyenne de cinquante coups de canon par mètre de front.

En somme, malgré les difficultés accrues, les conditions matérielles de la lutte s'annonçaient comme plutôt favorables à nos alliés.

Le problème essentiel restait celui du moral des troupes.

Il se présentait sous deux aspects différents. La première question qui se posait était celle-ci : malgré la propagande des leninistes et des agents allemands, malgré les décevantes illusions soulevées par l'attente du Messie de Stockholm, les troupes russes avaient-elles gardé une volonté de combattre suffisante pour qu'elles obéissent à l'ordre d'attaquer? Et la deuxième : en supposant que la volonté de combattre existe, la discipline et l'armature hiérarchique de l'armée, ébranlées par la Révolution, seraient-elles suffisamment fortes pour que les opérations puissent se dérouler sans aboutir au désordre, à la confusion et au désastre?

En somme, il y avait à résoudre deux questions, interdépendantes certes, mais cependant distinctes : celle du *moral* et celle de la *discipline*.

XII. — Le moral des troupes.

Quant au moral proprement dit, nous n'eûmes au 6e corps, comme auparavant à la VIIe armée, et plus tard à l'armée russe de Roumanie, que des impressions excellentes.

Les trois grands meetings où nous parlâmes aux troupes du 6e corps et de la IIe armée — à Wymyslovka, à Iczierna et à Tarnopol — furent débordants d'enthousiasme.

Celui de Wymyslovka avait ceci de curieux, qu'il se tenait dans un petit village ruthène, immédiatement à l'arrière des tranchées. Toutes les routes qui y conduisaient étaient en vue de l'ennemi. Aussi, les troupes s'y rendirent-elles par petits détachements, et notre caravane d'autos, qui soulevaient des nuages de poussière, s'espaça à des distances considérables, pour ne pas donner l'éveil aux observateurs autrichiens. Malgré cela, quelques shrapnells éclatèrent après notre passage, blessant un soldat sur la route. Mais le meeting, auquel assistaient plus de 4.000 hommes, put se tenir sans interruptions désagréables dans un verger soustrait aux vues de l'ennemi. Ce qui nous y frappa surtout, ce fut de remarquer aux premiers rangs de l'auditoire de nombreux soldats prenant des notes : c'étaient des délégués des Soviets d'unités éloignées, qui allaient rendre compte à leurs camarades de ce qu'ils avaient entendu.

Après avoir adressé plusieurs fois la parole à des auditoires de soldats, nous avions pu faire quelques observations, intéressantes au point de vue de la psychologie nationale, sur les arguments qui « portaient » et ceux qui « ne portaient pas », et surtout sur la façon dont il fallait les présenter. La traduction phrase par phrase nous permettait d'observer notre auditoire à loisir, pendant que notre interprète traduisait en russe la phrase précédente. La conclusion générale à laquelle nous arrivâmes était que nous avions affaire à des gens plus frustes, plus ignorants et plus naïfs que la moyenne de nos auditoires populaires d'Occident, avec, cependant, une intelligence très ouverte, une compréhension très vive des choses concrètes et une étonnante avidité d'apprendre du nouveau. Ces fantassins à qui nous nous adressions étaient tous des paysans, pour la plupart illettrés. Le fond de leur caractère était ce même mélange de naïveté et de ruse qui se retrouve chez le paysan de chez nous, mais dans une proportion différente : un peu plus de naïveté et un peu moins de ruse. Avec cela, énormément de bon sens et une aptitude très grande à suivre n'importe quelle argumentation, à condition qu'elle leur soit présentée avec des mots simples et sous une forme concrète.

Un trait délicieux de cette candeur paysanne, avec la pointe de rosserie qui la relève fréquemment, nous fut raconté à table, après le meeting d'Iczierna, par un officier russe. Il avait entendu, mêlé à la foule des soldats, les commentaires de deux d'entre eux pendant le discours de Vandervelde. Celui-ci s'arrêtait après chaque phrase pour donner à notre interprète le loisir de traduire. L'interprète était un socialiste russe qui s'était engagé à l'armée française et y avait gagné ses galons de lieutenant, la Légion d'honneur et la Croix de guerre. Sa forte corpulence, la prestance de son bel uniforme bleu horizon, chamarré de décorations et de chevrons, faisaient évidemment grande impression sur nos deux braves, car voici le dialogue qui s'engagea : « Ce gros officier en bleu, qui est-ce ? Ne serait-ce pas l'officier d'ordonnance du ministre ? — Point du tout. Tu ne sais donc pas ? C'est le roi des Belges ! — Eh bien ! alors, le roi des Belges est un fier *dourak* (imbécile), car il ne fait que répéter tout ce que dit son ministre ! »

Que l'on vienne dire, après cela, qu'il faut, pour gouverner le peuple russe, le prestige personnel de la monarchie constitutionnelle !

Pour adapter notre langage à la compréhension de notre public, nous avions fini par faire un choix d'images qui nous avaient semblé produire de l'impression. En voici quelques exemples :

« La tyrannie en Europe est comme ce monstre dont parle une vieille légende. Il avait trois têtes. Chaque fois qu'un héroïque chevalier en abattait une, elle repoussait. Pour le tuer, il fallait les lui abattre toutes les trois. Eh bien ! le monstre du despotisme européen a également trois têtes. Elles s'appellent Romanoff, Hohenzollern et Habsbourg. Ce sont celles du tsar de Petrograd, du tsar de Berlin, du tsar de Vienne. Le peuple russe a abattu l'une des trois têtes. Mais prenez garde ! Elle repoussera, si vous ne tranchez pas aussi les deux autres ! »

Ou bien encore :

« Les Allemands qui essaient de fraterniser avec vous sont comme le loup qui voulait manger Chaperon Rouge. Le loup, pour tromper Chaperon Rouge, mit le bonnet de nuit et les lunettes de la grand'mère. Chaperon Rouge lui demanda : Pourquoi as-tu de si grands yeux, grand'mère ? — C'est pour mieux te voir, mon enfant. — Pourquoi as-tu de si grandes oreilles, grand'mère ? — C'est pour mieux t'entendre, mon enfant. — Pourquoi as-tu les dents si longues, grand'mère ? — C'est pour mieux te manger, mon enfant ! Et le loup dévora la trop confiante enfant. Eh bien ! prenez garde au loup allemand ! Pendant qu'il essaie de vous attirer par de belles paroles, il aiguise ses crocs pour mieux vous déchirer ! »

Ou bien encore cette image, trouvée par le général Nottbeck :

« Le peuple russe ayant fait sa révolution était comme un oiseau qui a été longtemps emprisonné et dont on vient d'ouvrir la cage. Aveuglé par la lumière, déshabitué de voler, il bat des ailes, il se met à voler de droite, de gauche, follement, se cognant le bec contre les vitres, se meurtrissant les ailes à tous les obstacles. Il semble qu'il va se laisser retomber épuisé pour qu'on le ramasse et qu'on le remette dans sa cage, quand tout à coup il aperçoit le soleil par la fenêtre large ouverte, et s'élance cette fois droit devant lui, d'un coup d'aile sûr et puissant, dans l'air libre, laissant loin derrière lui sa prison... »

Et comme péroraison :

« Des agitateurs pacifistes vous disent que les Allemands et les Autrichiens ne demandent pas mieux que de faire, eux aussi, la révolution, de suivre le drapeau rouge et de se libérer du joug de leurs tsars. Eh bien ! ils pourront bientôt en faire la preuve. Quand vous passerez au-dessus de vos parapets, portant devant vous le drapeau rouge de la liberté avec, comme inscription, la devise : « Pas d'annexions ! Pas de contri-« butions ! Droit pour tous les peuples de dis-« poser d'eux-mêmes ! » s'ils sont sincères, ils suivront ces drapeaux et marcheront avec vous sur Berlin et sur Vienne pour détrôner leurs empereurs et établir la liberté. Mais, s'ils tirent sur vous et s'ils insultent votre drapeau rouge, vous laisserez-vous faire ? Non, c'est vous-mêmes alors qui irez le planter dans leurs villes et qui porterez la liberté à vos ennemis sur la pointe de vos baïonnettes ! »

*
* *

Pareil langage provoquait, chaque fois, des tempêtes d'enthousiasme. Au meeting d'Iczierna, ce fut du délire. Il n'est pas jusqu'au général Nottbeck qui ne fût non seulement porté en triomphe, mais lancé en l'air à la mode russe. Nous étions souvent nous-mêmes soumis à ce vigoureux traitement, qui est paraît-il, la suprême façon russe de manifester l'enthousiasme. L'objet — pour ne pas dire la victime — de cette manifestation est saisi par une vingtaine de bras solides qui, d'un mouvement rythmé, scandé par des cris sauvages, le lancent en l'air le plus haut possible, comme le ferait le ressort d'une catapulte. Puis les bras se détendent légèrement, comme pour former un matelas où vient choir l'infortuné, renvoyé immédiatement en l'air par une nouvelle tension, et ainsi de suite. Le général Nottbeck subit ce traitement avec le stoïcisme d'un vrai soldat, le corps raidi, la figure impassible, la main collée à la visière de sa casquette, dans la position du salut militaire. Il est à craindre que nous, Belges, non habitués à ce genre de manifestations, n'ayons fait assez piteuse figure les premières fois que nous y fûmes soumis. Quand, le premier jour de notre présence à Petrograd, Vandervelde fut ainsi passé à tabac, à l'improviste, par d'enthousiastes marins de la Mer Noire, on ne vit plus, dès le premier saut dans les airs, qu'un col et deux manchettes s'agitant au-dessus d'un ballot de vêtements. Cela alla mieux ensuite. On s'habitue à tout, même à l'enthousiasme russe.

Cet enthousiasme, du reste, se manifestait quelquefois sous des formes moins déconcertantes et guère moins impressionnantes d'ailleurs. Nous en eûmes un inoubliable exemple au meeting d'Iczierna. Il s'était tenu dans un cadre merveilleux, au moment du crépuscule, en pleine steppe galicienne. La nuit tombait quand la réunion prit fin. Les ovations continuèrent jusqu'à ce que notre auto, où nous avaient portés les épaules des soldats, eût quitté le terrain pour rentrer, à travers champs, au quartier général. Alors quelques cosaques, qui nous avaient écoutés à certaine distance de la foule, sans descendre de cheval, s'élancèrent au galop et exécutèrent autour de notre auto une fantasia frénétique. Ils ne cessèrent que quand leurs chevaux furent harassés. L'un d'eux tint bon après les autres, et pendant longtemps encore nous vîmes sa silhouette de centaure s'agiter autour de nous dans la pénombre, en poussant de rauques acclamations.

Encore une fois, nous fîmes effort, après ces scènes inoubliables, pour ne pas céder à l'impression du moment et ne tirer de ces manifestations que des conclusions prudentes. Mais force nous fut d'abandonner une grande partie de notre méfiance, quand nous entendîmes des hommes comme les officiers des autos blindées belges, avec qui le général Nottbeck avait eu la délicate pensée de nous réunir à table le soir, affirmer qu'à leur connaissance, et tout au moins dans le 7e corps, le moral et la volonté combative des troupes russes n'avaient jamais été meilleurs que depuis la Révolution. Leur opinion, corroborée par ceux de leurs soldats avec qui nous eûmes l'occasion de nous entretenir, avait une réelle valeur, puisque depuis deux ans ils combattaient aux côtés des troupes russes en Galicie.

Au surplus, le général Nottbeck lui-même, qui jusque-là n'était pas sorti de la flegmatique réserve que justifiait son origine britannique, céda finalement à l'émotion de ces scènes enthousiastes. Quand, au moment de monter dans les autos qui allaient nous conduire à Czernowitz, il vint nous donner la fraternelle accolade d'adieux, c'est avec une visible émotion qu'il nous dit :

« Maintenant, j'ai confiance... »

XIII. — Discipline ancienne et discipline nouvelle.

Mais pour qu'une telle confiance se justifie, il faut évidemment plus que l'enthousiasme manifesté dans des meetings, trois semaines avant l'action. Il faut que l'organisation hiérarchique de l'armée, sa cohésion morale, l'esprit de subordination et de responsabilité soient tels que cet enthousiasme même ne risque pas de se dépenser en pure perte, voire de se transformer en panique dès le premier échec... Somme toute, il faut que soit garanti un minimum de discipline, et c'est la deuxième partie du problème de la reconstitution morale du front russe. C'est, il faut l'avouer, la plus délicate et la plus malaisée. C'est celle aussi sur laquelle il est le plus difficile, pour des observateurs en somme superficiels, d'émettre une opinion définitive.

Il n'y a pas à nier que l'influence première de la Révolution sur l'armée ait été purement destructive.

Certes, les armées russes étaient réduites, dès avant la Révolution, à une lamentable impuissance, du fait de la désorganisation et de la démoralisation de la nation, dont l'ancien régime portait la responsabilité et qui fut la cause même de sa chute. A ce point de vue, la Révolution ne fit guère que révéler une situation déplorable, qui, en se prolongeant, eût fatalement conduit la Russie à la paix séparée.

Mais au moins l'armée avait-elle une cohésion. Elle maintenait son armature extérieure, grâce à la discipline de soumission aveugle qui y régnait.

Du jour au lendemain, la Révolution a supprimé cette discipline, en bouleversant complètement la hiérarchie sur laquelle elle était basée.

Or, s'il n'est pas douteux que l'armée russe eût énormément gagné à remplacer sa hiérarchie ancienne, caduque et devenue insupportable, par une hiérarchie nouvelle, conforme aux idées démocratiques, il n'est pas moins certain que la puissance combative d'une armée sans discipline d'aucune espèce est inférieure à celle d'une armée soumise à une discipline quelconque, quelque imparfaite qu'elle soit.

L'armée russe en fournit la preuve, quelques jours après la Révolution, quand les Allemands, le plus aisément du monde, bousculèrent et taillèrent en pièces, sur le Stokhod, quelques régiments russes dont les Soviets, pendant l'attaque, délibéraient sur les mesures qu'il convenait de prendre. Pendant que bolcheviki et mencheviki étaient en train de discourir — tentant de s'accorder ou se chamaillant — sur les principes de la stratégie et de la tactique révolutionnaires, les Allemands massacraient quelques milliers d'hommes et jetaient la panique parmi les survivants.

Il semble établi que l'idée première de la Révolution ait été de remplacer complètement l'ancienne hiérarchie, dite « autocratique », des officiers, par une hiérarchie nouvelle, dite « démocratique » : celle des Soviets. Pendant les premières semaines de l'ère révolutionnaire, les Soviets qui s'étaient formés jusque dans les moindres unités, tout en laissant subsister l'institution du cadre des officiers, réclamaient et exerçaient en fait tout le pouvoir.

Pour se rendre compte que pareil régime ne pouvait durer, il n'est pas besoin d'entrer dans le fond du débat et de se demander si, et de quelle façon, des institutions quasi parlementaires comme les Soviets pourraient utilement être incorporées dans l'organisation d'une armée moderne? Le système adopté laissait toute la responsabilité aux officiers, et tout le pouvoir à des assemblées irresponsables, qui allaient jusqu'à réclamer la direction des opérations — ou, plus exactement, des non-opérations — stratégiques. Ce système fit ses preuves, négatives faut-il le dire, dans le domaine de la tactique au Stokhod, et dans le domaine du service intérieur, dans toutes les unités du front. Aussi, petit à petit sous la pression des faits, se vit-on forcé, pour assurer la marche du service, de limiter l'ingérence des Soviets, tout en rétablissant, pour la plus grande partie, l'autorité des officiers.

Au fond, on s'aperçoit maintenant que l'ancienne hiérarchie a simplement subi une éclipse partielle. Au début, ce fut une éclipse totale, mais qui ne dura point. L'éclipse partielle, elle, durera vraisemblablement. Le régime actuel est une coexistence, très imparfaitement organisée encore et pleine d'illogismes d'ailleurs, des deux méthodes disciplinaires : l'ancienne hiérarchie et celle des Soviets.

En effet, il est une force dont il faut tenir compte et qui agit plus que toute autre peut-être dans l'armée russe, c'est celle de l'habitude, transmise par la tradition et consacrée par le bon sens.

A Petrograd, on nous avait raconté à ce sujet une histoire caractéristique. Les matelots rebelles de Cronstadt avaient massacré une grande partie de leurs officiers (dont un certain nombre étaient des brutes méritant à peine un autre sort) et jeté les survivants dans les fers. Ils proclamaient que les Allemands étaient leurs frères. Ils déclaraient ne plus vouloir obéir qu'à ceux de leurs pareils qu'ils auraient librement élus et avaient chargé un chauffeur du commandement d'un cuirassé. Or, ces mêmes marins continuaient à assurer le service de garde, des patrouilles côtières, du repêchage des mines, tout comme auparavant. Ils eussent été fort embarrassés, sans doute, de livrer bataille à un torpilleur allemand ; mais, pour la routine journalière du service, ils ne devaient qu'obéir à l'illogique, mais tyrannique habitude, et ils y obéissaient.

Cette même force d'inertie morale s'est fait sentir dans l'armée.

La manifestation la plus visible en est la continuité des marques extérieures de respect.

A l'arrière, il est vrai, aucun soldat ne salue ses supérieurs. Ce fut l'une des premières conquêtes de la Révolution : le droit de ne pas saluer. Il est vraisemblable d'ailleurs que cette réforme fut accueillie avec une joie égale par les soldats et par les officiers, pour qui l'obligation de devoir, en passant par les rues bondées de troupes de Petrograd ou de Moscou, porter constamment la main à la coiffure était un ennui. Quoi qu'il en soit, à l'arrière, les soldats mettent maintenant un point d'honneur à ne saluer aucun officier. Sur le front, par contre, nous n'avons pas vu un soldat qui ne saluât correctement tous ses supérieurs.

Cette situation est d'autant plus caractéristique que le fameux décret de juin du ministre Kerensky sur les « Droits des soldats » — étrange et provisoire amalgame de tradition hiérarchique et d'idéalisme démocratique encore assez mal mis au point — proclame que le salut aux officiers n'est pas un devoir de service, mais un « acte de courtoisie volontaire ».

*
* *

Nous n'avons guère rencontré d'officiers qui ne nous aient dit que, malgré le relâchement de l'ancienne discipline, le service quotidien se faisait tout aussi bien, au moins, que sous le régime tsariste.

Ceci, en partie, grâce aux Soviets, et, en partie, malgré les Soviets.

Malgré les Soviets, en ce sens qu'ils ont, au début de l'ère révolutionnaire, systématiquement sapé le prestige des cadres réguliers de l'armée, qui constituent après tout la seule autorité responsable et compétente pour toutes les questions d'ordre tactique et militaire proprement dit.

Grâce aux Soviets, parce que, dans toute une série de questions d'ordre intérieur, ils ont obtenu du soldat un rendement supérieur, en remplaçant l'ancienne soumission d'esclave par une discipline nouvelle, plus spontanée, plus libre et tenant un compte plus direct des besoins et des idées des hommes.

Les Soviets ont eu une influence dissolvante tant qu'ils introduisaient dans la conduite des opérations et dans la direction générale de l'armée un élément de délibération parlementaire et de discussion politique incompatible avec les pratiques qu'imposent les nécessités de la guerre, de l'unité du commandement, de la centralisation des responsabilités et de la rapidité des décisions.

Mais ils ont eu et continuent à avoir un effet heureux, à mesure qu'ils réduisent leur ingérence à ce qui semble devoir devenir leur domaine moral : la participation à la justice disciplinaire, le contrôle de la gestion administrative des unités et la collaboration au service intérieur.

Au moment où nous écrivons, aucun officier, fût-il le généralissime, n'a le droit de punir un homme. Il faut pour cela une décision d'un Soviet composé du commandant de l'unité et de trois délégués élus par les sous-officiers et soldats.

Il saute aux yeux que cette organisation n'est encore, sous cette forme, qu'imparfaite et provisoire.

Mais il est d'autant plus intéressant d'entendre tous les officiers que nous avons interrogés, même ceux qui par leur éducation professionnelle sont les moins disposés à verser dans l' « utopisme démocratique », proclamer que les Soviets ont déjà rendu de grands services au point de vue disciplinaire. On nous a raconté divers exemples typiques qui montrent que, bien souvent, les Soviets d'unités, pour les manquements à la discipline, infligent des punitions plus sévères que celles que se fussent permis les chefs « autocratiques » d'antan. Et l'on ajoutait que les punitions infligées aux soldats par leurs propres camarades ayant un effet moral plus grand, la discipline devenait généralement plus exacte.

En ce qui concerne le service intérieur, tous les chefs que nous avons questionnés, notamment le généralissime Broussiloff, le général commandant d'armée Korniloff — devenu généralissime depuis lors, — le général commandant de corps Nottbeck, ne nous ont pas caché leur opinion que l'ingérence des Soviets, surtout depuis qu'elle s'était limitée à certaines questions, constituait à leurs yeux un réel progrès sur l'ancien régime. Les questions où leur influence bienfaisante s'exerce sont : le contrôle de l'administration intérieure des unités, la participation à la gestion du ménage et au contrôle du ravitaillement, le roulement pour les relèves, les corvées et les services de garde, la récréation et l'éducation politique des soldats.

En définitive, il semble que ces institutions, après avoir été, aux premiers jours de la Révolution, des instruments de dissolution de l'autorité établie, aient graduellement modifié leur caractère, tacitement abdiqué certaines de leurs ambitions extrêmes, et soient en train, non plus en se substituant aux cadres hiérarchiques, mais en les contrôlant et en collaborant avec eux, de devenir des organes utiles pour le maintien de la discipline et l'organisation du service intérieur.

*
* *

Cette évolution est, bien entendu, loin d'être terminée. Le degré de maturité auquel elle est arrivée est apparemment très différent dans les diverses parties de l'armée russe. Au moment de notre voyage, celle-ci offrait le spectacle étrange d'un amalgame provisoire plein de surprises et de contradictions, entre l'ancienne discipline de fer et les mœurs démocratiques et fraternelles du régime nouveau.

Nous eûmes un exemple frappant et final des curieux contrastes qu'offre cette situation transitoire lors de notre dernier contact avec les troupes russes du front.

Nous avions gagné la Roumanie, après avoir dit adieu au 6e corps, dans un meeting en plein air à Tarnopol, et visité, à Czernowitz, le général Korniloff, commandant la VIIIe armée. Après deux jours passés au milieu de l'armée roumaine, nous vîmes, sur le front du Sereth, deux régiments d'infanterie russe, le 57e et le 59e, que nous présenta le général Tcherbatcheff. La revue, le défilé avaient été d'une correction à faire pâlir d'envie la Garde de Potsdam ou de Buckingham Palace. Un des assistants français, qui avait vu des cérémonies militaires à Tsarskoé-Sélo, sous l'ancien régime, nous dit que l'ordonnance du défilé était exactement conforme à ce qui se faisait alors. Les troupes défilaient par compagnies, avec un alignement impeccable et en chantant des chœurs guerriers. Ces chœurs, à plusieurs voix, où chaque rang chante sa partie, de la belle voix mâle et juste propre aux Russes, scandent admirablement la marche. A la fin du défilé, les hommes croisent la baïonnette, en gardant un alignement tellement précis que les hommes du deuxième rang tiennent impunément la pointe de leur arme dans la nuque de leur chef de file.

Pour écouter nos harangues, les troupes formèrent ensuite le carré avec une rapidité surprenante et, pendant toute la durée de la réunion, restèrent au garde-à-vous le plus strict, sans qu'un fusil bougeât, sans qu'un homme fît le moindre mouvement. Mais aussitôt après la parade, nous devions avoir une entrevue avec les Soviets des deux régiments. Les autorités militaires qui nous accompagnaient — le chef de l'État-major roumain, le général Tcherbatcheff, le général Berthelot et le général Cumont, chef de la mission militaire belge en Roumanie — s'éloignèrent pour nous laisser toute liberté de nous expliquer avec les délégués officiers et soldats qui, fraternellement mêlés, nous entouraient. Nous répondîmes à leurs questions, ensuite de quoi ils se livrèrent à une manifestation touchante d'estime et d'enthousiasme pour la Belgique. On vit alors ces chefs et ces soldats, qui venaient une demi-heure auparavant de nous offrir un spectacle admirable de discipline de mouvements, se donner le baiser fraternel. Un simple soldat russe, dont le discours, prononcé en français, — c'était un ancien étudiant de Nancy — avait ému les généraux Tcherbatcheff, Berthelot et Cumont, qui s'étaient sur ces entrefaites mêlés à la foule, se vit embrasser par les trois généraux, pendant que le colonel du 57e régiment, un vieux brave avec quatre blessures, était porté en triomphe par ses soldats. Et finalement, les généraux présents — ces mêmes généraux qui ne peuvent plus mettre un homme à la salle de police sans l'intervention d'un Soviet — se virent eux aussi porter en triomphe aux cris de : Vive la Russie libre ! Vive la Belgique ! Vive le socialisme ! Vive l'Internationale !

Nous pensâmes alors à ce que nous avait dit, quelques jours auparavant, le général Nottbeck : « Aujourd'hui, voyez-vous, les généraux ont beaucoup plus de besogne que naguère. Alors, ils donnaient des ordres. Maintenant, ils doivent faire des discours. Ils sentent que leurs hommes ne marcheront que si les chefs parviennent à les convaincre de la nécessité de marcher. Je crois que les hommes convaincus de cette façon marcheront mieux que ceux qui recevaient des ordres dont ils ne comprenaient pas la portée. Mais réussirons-nous, cette fois, à les convaincre ? Toute la question est là. Au fond, c'est de nous, des chefs, que dépend la solution. »

CHAPITRE IV

LA SITUATION POLITIQUE EN RUSSIE

En partant pour la Russie, nous avions un triple but :

D'abord, associer notre effort à celui de Thomas, de Henderson et des autres socialistes des pays de l'Entente, contre la tendance qui paraissait exister dans certains milieux à faire une paix séparée ou à exercer sur les Alliés une pression en faveur d'une paix à tout prix. En second lieu, exposer à nos camarades russes le cas de la Belgique, la situation des travailleurs belges, et faire appel à leur solidarité dans la lutte que nous soutenons contre l'impérialisme allemand. Enfin, prendre attitude vis-à-vis d'eux, au sujet de la conférence, ou, plus exactement, des conférences projetées à Stockholm.

I. — La Paix séparée ?

Nous avons déjà dit que personne en Russie ne songe à une paix séparée. Les extrémistes eux-mêmes reconnaissent que si la Russie désertait la cause des Alliés, elle se verrait contrainte à marcher contre eux, avec l'Allemagne. Dans ces conditions, leur désir de paix n'y trouverait pas son compte. Mais il n'est pas douteux, d'autre part, que la propagande allemande est active ; que beaucoup de socialistes sont ultra-pacifistes ; qu'après trois ans de guerre, la lassitude ne laisse pas d'être grande dans une notable partie de la population ; que les théories de Zimmerwald, enfin, ont encore à l'heure actuelle une forte emprise sur le Soviet et même sur certains membres du Gouvernement provisoire, qui étaient, avant de prendre leurs responsabilités actuelles, des zimmerwaldiens militants.

Toutefois, pendant la courte durée de notre séjour en Russie, il était possible déjà de percevoir un changement, qui n'a fait que s'accentuer depuis lors, dans l'opinion de la masse, comme dans celle des leaders socialistes.

Aux premiers jours de la Révolution, qui s'est faite presque tout entière dans la capitale, c'est le seul Soviet de Petrograd qui parle et décide au nom des ouvriers et des soldats de tout le pays. Les extrémistes y sont une minorité, mais une minorité agressive et résolue. Les modérés, d'ailleurs, sont modérés surtout quand il s'agit de faire preuve d'énergie dans la conduite de la guerre. Il y a, dans cette commune révolutionnaire, des étrangers, des cosmopolites, des juifs surtout, cachant sous un nom d'emprunt leurs origines allemandes et qui ne sauraient voir une patrie dans un pays où ils n'ont guère connu que l'injustice et la persécution.

Mais bientôt le Soviet de Petrograd passe au second plan. Il tend à devenir une assemblée locale, influente assurément, mais d'une influence limitée. Le Congrès des Paysans se réunit. Le Congrès des Soviets de toute la Russie s'assemble à son tour. L'esprit y est tout différent. Les éléments provinciaux y apportent un certain souffle d'enthousiasme national. On aspire à la paix, certes, car le pays est las, car les paysans et les soldats demandent, aussitôt que possible, à goûter les fruits de la Révolution, mais on ne veut, à aucun prix, d'une paix séparée; on ne veut pas de la paix allemande.

D'autre part, chez les chefs, l'évolution se fait, plus rapide encore. Kerensky, dans sa propagande, unit indissolublement la Révolution et la Défense nationale. Skobeleff et Tchernoff, dans les conversations intimes, protestent avec énergie contre toute idée de paix prématurée. Entre les plus avancés parmi les Cadets et les plus politiques parmi les socialistes, le désir de se rapprocher apparaît à toute évidence.

Parmi les hommes de la jeune Russie, Tseretelli est peut-être celui qui reste le plus fidèle aux théories zimmerwaldiennes. Et c'est Tseretelli cependant qui, avec Skobeleff, réclame l'expulsion de Grimm, le président de Zimmerwald; c'est lui qui, le premier, demande que l'on emploie la manière forte, lorsque, le 22 juin, les leninistes annoncent l'intention de faire une manifestation armée dans les rues de Petrograd. Et c'est avec son appui que Kerensky fait son grand effort pour rendre aux armées russes la volonté de combattre et la force offensive.

Somme toute, nous croyons pouvoir dire que chez les socialistes, dont la grande majorité a nettement rompu avec les extrémistes, il se produit une évolution très analogue à celle qui s'est produite chez le président Wilson. De même que ce dernier, ils voulaient une paix « sans victoire », c'est-à-dire en réalité sans conquêtes. Mais ils voulaient et ils veulent une paix juste et définitive. Or, devant l'attitude des monarchies centrales, force leur a été de se convaincre que le chemin qui mène à cette paix passe nécessairement par la guerre. Au moment où nous quittions Petrograd, l'un de nous écrivait dans son carnet de notes : « Ils parlent encore de paix, mais préparent l'offensive. Demain, ils feront l'offensive, en vue de conquérir la paix. » L'événement, depuis lors, a confirmé ces prévisions, et il n'a point dépendu d'eux que les premières victoires aient un lendemain.

II. — Les sympathies pour la Belgique.

Notre plus grand étonnement peut-être — au cours de ce voyage où nous avons rencontré tant de choses étonnantes — a été l'immense mouvement de sympathie qui s'est manifesté pour la Belgique. Nous croyions, à vrai dire, que, pour la plupart des Russes, notre petit pays n'était qu'un point sur la carte. Ils nous ont tout de suite convaincus du contraire.

Beaucoup d'entre eux ont achevé leurs études à Liége et dans les autres universités belges. Ils connaissent nos maisons du Peuple. Ils se sont inspirés de l'exemple de nos coopératives. Ils ont traduit notre littérature socialiste. Et surtout, ils se souviennent de ce que les Belges ont fait au début de la guerre; ils leur savent gré infiniment d'avoir osé se mettre en travers des armées allemandes, au moment où, de l'autre côté de l'Europe, ils étaient attaqués.

Nous venions à peine de passer la frontière, que nous eûmes une preuve frappante de leurs sentiments à notre égard.

C'était dans le *dining car* du train de Stockholm à Petrograd. Nos voisins de table étaient de ces médecins militaires qui revenaient d'Allemagne. Ils nous prenaient pour des Français et parlaient aimablement de la France. Tout à coup, un détail de la conversation leur apprend que nous sommes Belges. Aussitôt leurs figures s'illuminent, ils se lèvent, ils veulent à toute force que l'on apporte du vin, pour boire à la santé des défenseurs de Liége. Nous venions d'apprendre que la petite Belgique tenait une large place dans le cœur de la grande Russie.

Et, par la suite, cette première impression ne fit que se fortifier.

Nous avons dit l'accueil que les foules nous faisaient à Petrograd. Nous avons dit l'extraordinaire enthousiasme que soulevait la présence au front des délégués de la Belgique ouvrière et socialiste. Nous pourrions rappeler encore l'émouvante réception que nous firent, à Moscou, les membres de la Douma municipale.

Mais nulle part, peut-être, nous ne ressentîmes aussi profondément la force et l'intensité de cette sympathie que le jour même de notre départ, quand nous allâmes faire nos adieux au Congrès des Soviets.

L'assemblée avait lieu, sur l'autre rive de la Néva, dans cette École des Cadets que les *Mé-*

moires de Kropotkine nous avaient par avance rendue familière. Le cœur de la Russie ouvrière était là : 600 délégués y représentaient toutes les fractions, toutes les tendances du prolétariat socialiste. Tscheidze présidait. Kerensky et Tseretelli étaient à ses côtés. Nous avions devant nous, au premier rang, l'état-major des leninistes, le petit groupe des amis de Trotsky, l'extrême gauche de la Révolution.

Jamais, depuis longtemps, la situation politique n'avait été aussi tendue. La veille encore, l'insurrection des extrémistes avait paru inévitable. On s'y attendait, à tort, pour le lendemain. Elle devait tarder quelques semaines encore. Mais, dans cette assemblée silencieuse, assombrie, aussi divisée contre elle-même que la Commune ou la Convention dans leurs plus mauvais jours, on pouvait se demander s'il y avait une pensée commune ?

Elle se manifesta cependant avec une force incomparable, lorsque le président Tscheidze nous adressa ces simples paroles :

« Dites à nos camarades belges que la cause de la Belgique nous est aussi chère que la cause même de la Révolution russe. »

Sur tous les bancs des applaudissements éclatèrent. L'unanimité se fit, pour un moment. Et, des partisans de Lenine à ceux de Kerensky, la

Russie révolutionnaire salua la Belgique socialiste !

III. — La conférence de Stockholm.

Il ne sera pas inutile de rappeler qu'à l'époque de notre séjour en Russie, il y avait en gestation à Stockholm, non pas une conférence, mais *trois* conférences : 1° celle des zimmerwaldiens ; 2° celle du Comité hollando-scandinave ; 3° celle du Soviet de Petrograd.

De la première, nous ne dirons rien. L'Internationale de Grimm n'est pas la nôtre.

Restent les deux autres.

A) *Le Comité hollando-scandinave.*

Lorsque éclata la Révolution russe, Stockholm devait nécessairement être le gîte d'étape des socialistes, et, d'une manière générale, de tous les voyageurs, entre Petrograd et Paris ou Londres, Berlin ou Vienne. C'était, depuis la défaite des Serbes, le seul chemin pour se rendre en Russie, la seule route pour rejoindre le Transsibérien et faire le tour du monde.

On sait dans quelles conditions la délégation hollandaise du Bureau socialiste international décida de s'y établir.

Depuis le début de la guerre, par le fait de l'agression allemande, la vie de l'Internationale avait été, ou à peu près, suspendue. La Belgique, où elle avait son siège, était envahie. La Maison du Peuple de Bruxelles, où elle avait ses locaux, était gardée par des sentinelles allemandes. Son Comité exécutif, dispersé, ne pouvait se réunir : le président était au Havre, membre du Comité de Salut public qu'est le Gouvernement belge ; ses deux collègues, Bertrand et Anseele, ne pouvaient sortir de leur ville sans une autorisation spéciale de la Kommandantur. Et c'est dans ces conditions qu'engagés, corps et âmes, dans une lutte désespérée pour leur propre existence nationale, les socialistes belges avaient encore la charge d'entretenir le feu sacré de l'Internationale, de maintenir un lien, si faible fût-il, entre les prolétaires de tous les pays, neutres ou belligérants.

Camille Huysmans, le secrétaire du Bureau, se voua spécialement à cette tâche difficile.

Il s'aboucha avec les Hollandais. Il fit admettre, malgré les réserves des Français, que la délégation hollandaise serait jointe au Comité exécutif, à titre provisoire, pour la durée de la guerre. Il passa lui-même la frontière et installa son secrétariat à La Haye.

Dès l'abord, sous l'influence de leur leader,

Troelstra, les Hollandais du Comité commencèrent une campagne persévérante pour le rétablissement des relations internationales.

Dans les milieux de l'Entente, Troelstra passe généralement pour germanophile. Il s'en défend avec énergie. Mais le moins qu'on puisse dire, c'est que son neutralisme ne laisse pas d'être bienveillant pour les social-démocrates des Empires centraux, et que, dans un pays où les éléments de gauche sont plutôt « ententistes », il semblerait avoir une tendance à pencher de l'autre côté.

Un socialiste scandinave nous disait : « Le Vorstand de Berlin a deux succursales : l'une à Copenhague, l'autre à La Haye. »

C'était excessif, assurément, et l'on peut admettre que, dans leurs efforts pour renouer, dès à présent, les relations internationales, les socialistes hollandais et danois sont déterminés avant tout par le désir de mettre fin aux horreurs d'une guerre qui, d'après eux, ne saurait aboutir qu'à des résultats indécis.

Mais il n'en reste pas moins que, dans l'état actuel des choses, leurs efforts profitent — qu'ils le veuillent ou non — à l'Allemagne et que, dans ces conditions, leur politique ne pouvait que susciter des préventions et des méfiances dans les pays alliés.

Au lendemain de la Révolution russe, cependant, les circonstances paraissent plus favorables à leur action.

Le Soviet de Petrograd se prononçait pour la paix sans annexions ni contributions. Les social-démocrates allemands ou autrichiens déclaraient adopter cette formule, sauf à l'interpréter dans le même sens que von Hindenburg. En Angleterre, et surtout en France, des minorités grandissantes se prononçaient pour la reprise des rapports internationaux. Dans les pays neutres, les socialistes étaient unanimes à être pour la paix et comptaient, pour l'avoir, sur une conférence générale.

Dès le début d'avril, les Danois mirent les fers au feu. Le ministre socialiste Stauning écrivit au Bureau socialiste international que, si le Comité exécutif ne voulait, ou ne pouvait agir, on agirait en dehors de lui. Les membres de la délégation hollandaise, au reçu de cette lettre, et sans attendre l'avis de leurs collègues belges, décidèrent de partir pour Stockholm. Ils passèrent par l'Allemagne. Huysmans, qui se fit inscrire comme steward sur un bateau hollandais, ne tarda pas à les rejoindre et installa le secrétariat du Bureau socialiste international dans la Maison des syndicats du parti socialiste de Suède.

Mais, tout de suite, Hjalmar Branting, le

leader socialiste suédois, insista pour que la convocation éventuelle d'une conférence plénière ne soit pas laissée à la seule initiative de la délégation hollandaise. Une convocation par le Bureau socialiste international, d'autre part, n'était pas possible, puisque les membres permanents du Comité exécutif ne pouvaient se réunir. On décida finalement de créer, d'accord avec les Norvégiens et les Danois, le Comité hollando-scandinave, avec mission de réunir, le plus tôt possible, une assemblée plénière de l'Internationale.

C'est sur ces entrefaites que notre délégation passa par Stockholm et prit contact avec le nouveau comité.

Tout de suite, nous déclarâmes l'hostilité absolue du parti ouvrier belge à une réunion plénière qui nous eût mis en présence des socialistes majoritaires allemands. Mais nous ajoutâmes que des entrevues séparées du Comité organisateur avec les diverses sections de l'Internationale pouvaient être utiles : elles faciliteraient des explications ou des déclarations nécessaires ; elles obligeraient les socialistes de tous les pays engagés dans la guerre à exposer leurs points de vue ; elles permettraient à l'opinion des pays neutres de porter un jugement d'ensemble sur la situation.

Ces entrevues, depuis lors, ont eu lieu.

La plupart des partis socialistes y ont participé et, notamment, les deux fractions de la social-démocratie allemande.

On a publié le mémorandum de Scheidemann et de ses amis, avec la réponse qui leur a été faite par Albert Thomas.

L'accueil que les membres du Comité firent aux déclarations de la majorité allemande fut, paraît-il, rien moins que favorable, et il semble que cet accueil ne laissa point d'être pour quelque chose dans l'effort que Scheidemann fit, à son retour, dans le sens de la démocratisation, de la parlementarisation de l'Allemagne.

Quant aux social-démocrates minoritaires, que représentaient Kautsky, Bernstein, Haase, Ledebour, ils eurent, nous dit-on, le mérite de parler ferme et clair.

Nous ne pourrions, malheureusement, divulguer leurs déclarations orales, sans les mettre dans une situation difficile.

Parmi les choses, toutefois, qui peuvent être répétées, ils dirent que si leur action, à l'heure présente, se heurtait à de formidables obstacles, ils étaient assurés, au moment de la paix, d'avoir l'immense majorité du prolétariat allemand avec eux ; que le ton agressif de la note des Alliés, en réponse au président Wilson, avait rendu leur propagande plus malaisée; que, d'autre part, ils dénonçaient l'absence de sincérité des protestations, en faveur du droit des peuples, de Scheidemann et consorts, alors que les majoritaires étaient, en réalité, au service d'une politique impérialiste et militariste néfaste, à la fois, pour l'Allemagne et pour l'Europe.

De ces déclarations, qui paraissent avoir fortement impressionné ceux qui les ont entendues, il ne reste que bien peu dans le mémorandum destiné au public. Mais ce serait une injustice d'oublier qu'après avoir été à Stockholm, les minoritaires retournaient en Allemagne.

Le Comité hollando-scandinave reçut encore des délégués français et anglais. Il vit la délégation de l'Autriche allemande, qui parla, à peu près, comme les Allemands eux-mêmes. Il enregistra aussi les déclarations des socialistes hongrois, bulgares, tchéco-slaves, qui, à l'encontre de leurs alliés, se prononcèrent nettement pour que la Belgique obtienne réparation, et réparation aux frais de l'Allemagne.

Une fois ces entrevues terminées, il restait la question de l'assemblée plénière. Mais le Soviet, de son côté, convoquait une conférence internationale et il fut décidé que tout resterait en suspens, jusqu'à ce que les délégués russes arrivent de Petrograd.

B) *Le Soviet de Petrograd.*

Lorsque nous arrivâmes en Russie, Albert Thomas et de Brouckère, partis en avant-garde, étaient déjà entrés en rapports avec le Soviet, qui venait de lancer la convocation, à Stockholm, d'une conférence distincte de celle du Comité hollando-scandinave. Nous nous joignîmes à eux et, à l'issue de notre première rencontre, rédigeâmes une note qui exposait complètement le point de vue de la délégation belge.

Cette note contenait : 1° notre interprétation de la formule de paix du Gouvernement provisoire russe, spécialement en ce qui concerne la Belgique ; 2° l'exposé des motifs pour lesquels nous estimions qu' « une réunion plénière à laquelle seraient admis ceux qui soutiennent la politique actuelle de la majorité socialiste dans les Empires centraux serait, à la fois, inutile et dangereuse ».

Après le départ de cette note, les pourparlers furent interrompus, Thomas étant parti pour Moscou, puis pour le front.

Mais, pendant son absence, nous eûmes l'occasion d'apprendre des choses qu'il sera intéressant de préciser, quand on pourra, sans inconvénients, faire l'histoire complète de la Conférence de Stockholm. Alors que beaucoup de socialistes en France ou en Angleterre tenaient cette conférence pour indésirable, elle avait, en certains diplomates, des partisans déclarés. On était préoccupé, avant tout, de ménager les Russes. On craignait de les voir se rencontrer avec les seuls Allemands. On émettait l'avis que les socialistes des pays alliés se rendent également à la Conférence plénière, pour y plaider énergiquement la cause des démocraties occidentales.

Il semble bien, au surplus, qu'à un moment donné, Albert Thomas inclinait dans le même sens, et qu'il s'en ouvrit à ses amis, Moutet et Cachin.

Mais ces derniers, très impressionnés par la Révolution russe, allèrent, du premier bond, jusqu'au bout d'une pensée qui se précisait à peine et, rentrés en France, ils conseillèrent au Comité national du parti socialiste de se rendre à la Conférence, d'enthousiasme, sans réclamer de garanties et sans faire de conditions.

On sait ce qui s'ensuivit.

Thomas rentra à Petrograd, au moment où ces nouvelles arrivaient de France. Nous le trouvâmes fort ému de l'accueil nettement hostile que l'opinion parlementaire faisait à l'idée d'une rencontre avec les majoritaires allemands.

Le soir même, nous eûmes une rencontre avec lui, ainsi que Henderson, qui arrivait de Londres.

Il fut entendu que, dans une réponse à la convocation du Soviet, nous annoncerions notre refus de participer à une conférence plénière avant d'avoir élaboré, de commun accord, un ensemble de conditions assez précises pour éloigner toute équivoque et pour décourager toute manœuvre diplomatique des adversaires.

« Plus que jamais — disait notre lettre — nous sommes convaincus qu'une réunion plénière à laquelle seraient admis ceux qui soutiennent la politique *actuelle* des socialistes majoritaires dans les Empires centraux serait inutile et dangereuse ; inutile, parce que l'association de volontés contraires ne peut aboutir à l'action ; dangereuse, parce qu'elle entretiendrait l'équivoque et donnerait aux masses ouvrières et paysannes l'illusion qu'une paix juste et durable est possible avant que l'impérialisme d'agression soit détruit.

« Aussi longtemps que, par une déclaration publique, faite sans réticences et sans réserves, dans leur propre pays, sous la responsabilité de leur propre prolétariat, les socialistes de toutes les nations intéressées n'auront pas renoncé à toute association avec un impérialisme d'agression, nous tenons une conférence socialiste internationale pour moralement impossible. »

Quelques jours après, dans une autre lettre au Soviet, Henderson, soucieux de voir les socialistes des pays de l'Entente définir nettement leurs points de vue, annonçait la convocation à Londres, pour la mi-juillet, d'une conférence des socialistes des nations alliées.

Vers le même moment, nous eûmes une très longue conversation, dans l'intimité d'une maison amie, avec Skobeleff, Kerensky et, surtout, Tseretelli, qui était, et qui est encore, croyons-nous, le président du Comité des relations extérieures, au Soviet.

Tseretelli, qui avait commencé par le prendre de très haut, estimant que les services rendus au socialisme par la Révolution russe lui donnaient en quelque sorte le droit de se poser en arbitre dans une conférence internationale, se montra très impressionné quand nous lui dîmes que nous ne laisserions pas faire. Finalement, il nous promit, en son nom personnel, d'insister auprès du Soviet, pour que celui-ci envoie des délégués à Londres, dans un but d'information et pour que l'on tâche de s'entendre sur les conditions d'admission destinées à écarter de la Conférence les socialistes impérialistes.

Revint-il sur cette promesse ou échoua-t-il dans son effort?

Toujours est-il que, peu de jours après, nous reçûmes du Soviet une réponse qui maintenait, purement et simplement, les termes de la convocation antérieure.

Nous étions au front quand cette lettre nous fut envoyée. Thomas, qui rentrait en France, la reçut au moment de son départ. Il insista auprès de nous pour que la conversation continuât, mais en maintenant le point de vue que nous avions arrêté en commun.

C'est dans cet esprit qu'au moment de quitter Petrograd, nous envoyâmes au Soviet une dernière note qui résume les documents antérieurs et dont voici le texte :

LETTRE AU SOVIET

Au Comité exécutif du Conseil des Députés, Ouvriers et Soldats de et à Petrograd.

Honorés Camarades,

A notre retour du front russe, où les délégués de la Belgique socialiste ont rencontré un accueil fraternel et enthousiaste, nous trouvons la lettre qui nous a été adressée par le Comité exécutif du Soviet le 1er/13 juin.

Votre manière de voir, en ce qui concerne la préparation et la tâche de la Conférence internationale, peut se résumer dans les thèses suivantes :

1° La responsabilité des horreurs de la guerre mondiale pèse sur l'impérialisme international ;

2° Les travailleurs du monde entier doivent s'unir pour la lutte contre les tendances impérialistes et par la lutte en faveur de la paix ;

3° Les conditions de la paix doivent s'inspirer de la formule : « Paix générale, sans annexions ni contributions, fondée sur le droit des peuples à disposer d'eux-mêmes. »

Dans nos lettres précédentes, nous avons déjà marqué notre accord sur cette formule, sous la condition expresse, bien entendu, qu'elle n'exclue ni le dédommagement intégral de pays, comme la Belgique, qui ont été l'objet d'une agression injustifiable, ni la libération, la désannexion de territoires qui ont été annexés contre la volonté et le droit imprescriptible de leurs habitants. Ce que vous nous dites d'ailleurs, en ce qui concerne l'Alsace-Lorraine et les indemnités à attribuer à la Belgique, la Pologne, etc., paraît indiquer, et nous en sommes très heureux, que nos points de vue, à cet égard, se rapprochent.

Par contre, nous sommes dès à présent obligés de faire les plus formelles réserves quant aux deux autres thèses qui servent de fondement à votre convocation.

Certes, nous pensons, avec la première Conférence interalliée de Londres, que toutes les puissances impérialistes ont leur part de responsabilité dans le conflit actuel. C'est l'impérialisme capitaliste international qui a engendré les antagonismes rendant la guerre possible, mais c'est l'impérialisme semi-féodal des puissances centrales qui a déchaîné la catastrophe. Elles seules n'ont pas trouvé chez leurs démocraties la résistance rendant pareille agression impossible. Aussi n'admettrons-nous jamais que l'on assimile, que « l'on mette dans le même sac », ceux qui ont délibérément préparé, provoqué, déclaré la guerre, et ceux qui l'ont subie par fidélité à leurs engagements internationaux, comme la Belgique, ou qui, comme la France — ainsi que le déclarait publiquement Jaurès la veille de sa mort — ont fait tout ce qui était humainement possible pour l'écarter.

D'autre part, si nul, plus que nous, ne souhaite l'union des travailleurs du monde entier contre toutes les tendances impérialistes, comment pourrions-nous compter sérieusement, pour s'unir à nous dans cette lutte, sur les socialistes majoritaires allemands, dont toute la politique depuis trois ans n'a été qu'une longue abdication, qui ont, de la manière la plus évidente, partie liée avec le Kaiser, et qui, après avoir assisté, impassibles, au martyre de la Belgique, après s'être rendus complices par leur silence de tous les crimes du militarisme prussien, s'en vont aujourd'hui, à Stockholm ou ailleurs, lancer des ballons d'essai pour le compte du Chancelier impérial.

Que nous réunir avec eux, dans ces conditions, soit une impossibilité morale, ce n'est pas seulement notre avis, c'est celui de Mehring, c'est celui de tous les socialistes qui, en Allemagne même, sont restés fidèles au principe d'internationale.

C'est pourquoi nous persistons, plus que jamais,

à penser que seuls peuvent et doivent être admis à une conférence internationale ceux qui, publiquement, dans leur pays, sous la responsabilité de leur prolétariat, auront, en actes et en paroles, rompu avec la politique impérialiste de leurs gouvernements.

Des incidents récents viennent d'ailleurs de montrer qu'on ne saurait être assez prudent, si l'on veut éviter les embûches de ceux qui, grimés en socialistes, cachent leur véritable visage sous de beaux masques, et, consciemment ou inconsciemment, ne font, sous couleur de socialisme, que le jeu de l'impérialisme allemand.

Dans ces conditions, avant de continuer nos pourparlers, il nous paraît désirable d'en référer à nos mandants et d'entrer en contact avec les socialistes des autres pays alliés. La Conférence que nos camarades anglais se proposent de réunir prochainement à Londres nous en fournira l'occasion. Nous espérons très vivement vous y voir, et croyons que les négociations que nous avons entamées pourront plus utilement être poursuivies, lorsque la Conférence de Londres aura fait connaître les vues communes de tous les prolétariats des pays alliés.

Fraternellement à vous,

VANDERVELDE, DE BROUCKÈRE.

IV. — Résumé et conclusions.

En somme, la Révolution russe n'a pas accepté, sans le bénéfice d'inventaire, la succession de l'ancien régime, au point de vue des accords avec les Alliés; mais on peut faire confiance au Gouvernement provisoire quand il déclare rester fidèle au pacte de Londres et être unanimement hostile à toute idée de paix séparée.

D'autre part, nous croyons pouvoir dire que, au point de vue de la propagande belge, le succès de notre mission a dépassé toutes nos espérances.

Reste la question, qui n'a point cessé d'être très épineuse, de la Conférence internationale de Stockholm.

La délégation belge avait pu se mettre d'accord sur une attitude commune avec Albert Thomas et Henderson; mais, depuis, ce dernier s'est rallié à une conférence consultative et, en tout cas, jusqu'à présent, les Russes restent irréductibles.

Quand nous les vîmes à Petrograd, ils avaient une sorte de foi messianique dans la Conférence. Ils croyaient que le prestige de leur Révolution les mettrait en mesure d'imposer leurs formules de paix aux autres partis socialistes, y compris les socialistes majoritaires allemands. Ils se sentaient soutenus par l'acquiescement du dernier Conseil national français. Ils savaient peut-être que, dans d'autres pays alliés, le projet d'aller à

Stockholm, pour dire leur fait aux Allemands, trouvait des sympathies en haut lieu. De plus, des hommes tels que Tseretelli et Kerensky, dont le point de vue au fond se rapproche beaucoup du nôtre, étaient persuadés que leur effort en faveur de la Conférence de Stockholm faciliterait leur action en vue d'une poursuite énergique de la guerre. Aussi insistèrent-ils, jusqu'au dernier moment, pour emporter notre adhésion.

« En refusant — nous disait Tseretelli, avec presque des larmes aux yeux — vous nous ôtez le plus clair rayon d'espérance qui soit à notre horizon. »

Et Kerensky ajoutait :

« Vous nous rendez plus difficile la propagande que nous faisons pour préparer l'offensive prochaine. »

Ajoutons que, peu après, comme nous rapportions ce dernier propos au ministre des Affaires étrangères, M. Teretschenko, en disant qu'il nous semblait paradoxal de prétendre que, pour amener les soldats russes à se battre, il fallait leur parler d'une conférence en faveur de la paix, il nous répondit :

« C'est paradoxal peut-être, mais Kerensky a raison. A l'heure présente, nos soldats préfèrent se battre pour rien, que pour quelque chose ! »

Ce n'est point, du reste, à Petrograd seulement que l'on réclamait avec énergie la réunion d'une conférence plénière.

Il en était de même à Stockholm, où des Hollandais comme Vliegen ou Van Kol, dont les sympathies « ententistes » ne sont point douteuses, essayaient de nous convaincre, avec une insistance qui n'est du reste pas exempte d'une pointe d'égoïsme national ; à de rares exceptions près, les neutres, en effet, sont plutôt avec nous, mais ils sont dominés par la crainte d'être tôt ou tard entraînés dans le conflit.

Cet exposé ne serait pas complet, si nous ne rendions pas compte de l'entrevue que nous eûmes en passant à Christiania, avec Hjalmar Branting, qui est indiscutablement, de tous les socialistes des pays neutres, le plus influent et le plus rapproché de notre point de vue.

Son opinion, qui était également celle d'Huysmans, peut se résumer de la manière suivante :

« Vous auriez bien tort de ne pas vous rendre à la Conférence plénière. A part les Danois et quelques Hollandais, tous les socialistes des pays neutres sympathisent avec les socialistes de l'Entente. Dans le bloc de l'Europe centrale, il y a de sérieuses fissures ; les socialistes bulgares, qui ignoraient tout ce qui s'est passé en Occident, ont été fort émus de ce qu'ils ont appris sur les causes de la guerre, les conditions dans lesquelles la neutralité belge a été violée, les horreurs commises en Belgique ; de même, les socialistes hongrois, et, surtout, les Tchèques, ont nettement séparé leur cause de celle des majoritaires allemands : ils veulent que la Belgique ne soit pas seulement rétablie, mais dédommagée, et dédommagée par l'Allemagne ; ils réclament l'indépendance des trois Polognes ; ils se prononcent pour une action énergique contre l'impérialisme de leurs gouvernements. Quant aux socialistes minoritaires d'Allemagne, ils seraient les plus énergiques soutiens des Alliés contre David, Scheidemann et consorts. Dans ces conditions, si — ce qui est indispensable — le premier point de l'ordre du jour était l'examen des causes et des responsabilités de la guerre, si vous y veniez et si vous réclamiez justice, il n'est point douteux que les socialistes majoritaires allemands seraient à peu près isolés et que l'immense majorité de la Conférence les mettrait en demeure de se soumettre ou de se démettre. »

Nous avons tenu à reproduire, dans toute leur force, les arguments que l'on faisait valoir, en faveur d'une conférence plénière.

Ils ne nous ont pas convaincus cependant.

Nos objections restèrent et, plus que jamais, restent entières.

Certes, en admettant que la réunion de la Conférence soit pratiquement réalisable, il est probable que l'unanimité se prononcerait pour l'indépendance de la Belgique, que l'immense majorité réclamerait sa restauration intégrale, à charge de l'Allemagne ; qu'il en serait de même, pour ce qui concerne le rétablissement de la Serbie ou de la Roumanie, l'évacuation totale de la France, la renonciation des Allemands à toutes tentatives directes ou indirectes d'annexionnisme.

Mais il n'en serait vraisemblablement pas ainsi pour d'autres questions — celles de la Pologne ou de l'Alsace-Lorraine, par exemple — où les Russes, les Italiens, ainsi que nombre de minoritaires français ou anglais, pourraient bien se rencontrer, par impatience d'avoir la paix, avec les social-démocrates d'Allemagne.

Et, d'autre part, à supposer que l'accord finisse par se faire sur un programme acceptable pour tous les socialistes, il est évident que rien ne serait fait aussi longtemps que les majoritaires allemands continueraient à soutenir le Gouvernement impérial et que celui-ci, n'ayant pas été vaincu, maintiendrait au moins une partie de ses exigences actuelles.

Pendant notre voyage de retour nous rencontrâmes à Christiania un pacifiste norvégien, qui a joué un rôle important dans le mouvement pour l'arbitrage international.

Il venait de Vienne et de Berlin. Il avait eu des entretiens avec le comte Czernin, Zimmerman, Dernburg et d'autres hommes politiques. D'après lui, les dirigeants allemands étaient, en juillet 1917, disposés à traiter aux conditions suivantes : une simple rectification de frontières du côté de la Courlande ; une emprise de quelques kilomètres à l'ouest de Metz, la France gardant le bassin de Briey ; la transformation de la Belgique, nominalement indépendante, « en un autre Luxembourg », avec incorporation dans le Zollverein et contrôle de l'Allemagne sur les chemins de fer ; la suppression de la Roumanie, avec attribution de la Volhynie à l'Autriche et de la Moldavie à la Russie.

Il va sans dire que, même les neutralistes italiens ou les extrémistes russes repousseraient, sans hésiter, pareil programme et que, si une réunion plénière avait lieu, les majoritaires allemands n'oseraient en parler.

Mais qui ne voit que « palabrer » avec ces derniers, alors qu'ils gardent partie liée avec le Chancelier impérial, ce serait détendre le ressort de la guerre, donner aux masses, qui désirent la paix, des espérances décevantes, engager l'Internationale socialiste dans une aventure qui risquerait d'aboutir à sa confusion.

Il est vrai que les partisans, ou, du moins, certains partisans de la Conférence plénière nous disent : « Point ne s'agit de s'entendre avec les majoritaires allemands. Nous voulons, au contraire, aller à Stockholm, pour poser la question des responsabilités, pour dénoncer les faiblesses, les compromissions, les trahisons même des social-démocrates majoritaires, pour les mettre en demeure de choisir entre le Kaiser et le socialisme, de rompre avec leur politique actuelle ou de sortir de l'Internationale : ou bien ils marcheront avec nous, avec tous les socialistes, contre l'impérialisme ; ou bien, condamnés par nous, et isolés, ils seront frappés d'un discrédit irrémédiable, aux yeux de ceux, même parmi les prolétaires, qui jusqu'à présent leur sont restés fidèles. »

Disons-le franchement, pareille thèse eût été soutenable, si la Révolution russe avait, par une offensive triomphante, dissipé tout soupçon de vouloir la paix par lassitude ou par faiblesse ; si les neutres, de leur côté, n'avaient point d'autres soucis que de dire le droit et de fonder la paix sur des bases de justice ; si, dans les pays alliés, enfin, les socialistes étaient unanimes, et sur la question des responsabilités de la guerre, et sur les conditions préalables et nécessaires de la paix.

Mais à l'heure où les amis de la Révolution russe se demandent avec angoisse, non seulement si elle *peut*, mais si elle *veut* se défendre, où, dans les derniers pays restés neutres, l'opinion n'a guère d'autres soucis que de n'être pas entraînée dans la lutte, où enfin, dans les pays alliés, les socialistes paraissent plus éloignés que jamais de s'entendre sur une politique de paix, nous n'hésitons pas à dire que ce serait folie de demander à une conférence générale, où les tendances les plus contradictoires se heurteraient en une mêlée confuse, de s'ériger en Cour de Justice, de se constituer en Jury d'accusation. Au lendemain de la Conférence des socialistes des pays alliés à Londres (28 août 1917), Arthur Henderson, dont la grande et légitime influence avait, quelques semaines auparavant, emporté la décision du Labour Party en faveur de Stockholm, disait dans une interview :

« L'impuissance de la conférence interalliée de la semaine dernière à en venir à un accord même approximatif nous oblige à examiner à nouveau toute la situation.

« La conférence internationale, en raison de la grande divergence de vues qui s'est manifestée à la conférence interalliée, ne serait pas seulement nuisible, mais pourrait être désastreuse.

« Nous ne pouvons pas réunir de conférence internationale aussi longtemps que le terrain commun de l'entente entre les classes ouvrières des nations alliées n'aura pas été trouvé. »

Telle fut toujours notre pensée. Et c'est, avant tout, pour ce motif que nous n'avons cessé d'exiger, pour la réunion et la reconstitution de l'Internationale, de nécessaires et préalables garanties. Ces garanties n'existent pas à l'heure actuelle. Une assemblée plénière, où les socialistes qui luttent pour que l'Europe soit libre, auraient pour juges et pour arbitres, entre eux et Sudekum, David ou Scheidemann, les neutralistes italiens, les pacifistes scandinaves, les maximalistes de Petrograd ou les extrémistes de Zimmerwald, ne pourrait que donner au monde un spectacle lamentable de confusion et d'impuissance. Dans l'intérêt de l'Internationale nous n'en voulons pas.

*
* *

Il nous reste à conclure.

Au moment où nous achevons d'écrire, la Révolution russe traverse une crise qui pourrait lui être fatale.

Riga est pris. La Courlande est conquise. Les lignes du Nord sont rompues, et, ce qui est infiniment plus grave que les pires défaites, on en est à se demander si les armées révolutionnaires sont encore capables, non plus d'un effort offensif, mais simplement d'une réaction de pure défense contre les attaques de l'ennemi ?

Pendant ce temps, à l'intérieur, l'autorité du Gouvernement provisoire chancelle. Les Soviets discutent, quand il faudrait agir. Les antagonismes de parti et de classe dominent les préoccupations de salut public. Et, dans ce pays immense, où il y a tant de nationalités, on cherche encore vainement des manifestations certaines d'un esprit national.

On devait s'attendre, dans ces conditions, à ce que, tant à Paris qu'à Londres, les conservateurs, qui avaient été contraints au silence par les premiers succès de la Révolution, retrouvent aujourd'hui la parole pour la juger et la condamner.

Et, malheureusement pour la cause même de l'Entente, ils le font avec un tel parti pris, une telle étroitesse de vues, une tendance si mesquine à n'apprécier la Révolution que par ses effets militaires immédiats, que leurs attaques risquent, à la fois, d'abuser l'opinion occidentale et de soulever, contre les Alliés, l'opinion russe.

Certes, on peut comprendre qu'à la nouvelle de revers qui annulaient tant d'espoirs, il y ait eu, chez ceux qui comptaient sur une paix victorieuse et prochaine, de la colère et de la déception.

Mais cette déception ne peut pas, ne doit pas nous rendre injustes et, encore moins, nous faire oublier ce qui serait advenu, ce qui serait fatalement advenu, si la Révolution n'avait pas eu lieu, si les Sturmer et les Soukhomlinoff n'avaient pas été mis hors d'état de nuire, si l'ancien régime, en un mot, ne s'était pas effondré sous le poids de ses fautes, de ses crimes et de ses trahisons.

Supposons, en effet, que Nicolas II soit resté sur le trône; il est infiniment probable que la paix aujourd'hui serait faite, entre les empires du Nord; une paix séparée, une paix désastreuse, qui eût débloqué l'Allemagne, qui lui eût ouvert les plus riches greniers de l'Europe. Et, au lieu que la liberté russe ait été, malgré tout, un encouragement formidable aux efforts de libération d'autres peuples, cette paix eût sans doute été suivie d'un groupement nouveau, d'une coalition nouvelle, dressant contre les démocraties occidentales la triple alliance des tsars de Petrograd, de Vienne et de Berlin.

Grâce à la Révolution, au contraire, la Russie

reste dans la grande alliance des peuples contre ce qui reste d'autocratie dans le monde. Elle lutte pour sa liberté et pour celle des autres. Et, si les difficultés qu'elle rencontre sont sérieuses, elles ne sont pas plus grandes, en définitive, que celles de la Révolution française.

Au mois de juillet dernier, quand les armées de Broussiloff annonçaient 35.000 prisonniers austro-allemands, on songeait à Valmy et à Jemmapes.

En ce mois de septembre qui commence si mal, comment ne songerions-nous pas, pour y trouver des motifs d'espérance, à ces temps terribles de 1793, où la Belgique était évacuée, où la France révolutionnaire était envahie, où Lyon s'insurgeait, où les Anglais étaient dans Toulon, où la Vendée était en pleine révolte contre la nation?

La Convention a su vaincre cependant. La Révolution russe ne saura-t-elle pas vaincre à son tour?

Entre les deux époques, il est vrai, on ne peut omettre de noter une différence inquiétante.

Les défaites de la Révolution se sont produites, en France, quand la guerre ne faisait que commencer; elles se produisent, en Russie, après trois ans d'une guerre qui a ruiné les finances, jeté le désordre dans tous les services, fait naître dans les masses un irrépressible désir de repos et de paix.

Mais entre les deux situations aussi, il y a une autre différence et, cette fois, à l'avantage de la Révolution russe : c'est que la France, en 1793, avait contre elle, sinon les peuples, du moins les gouvernements de toute l'Europe ; tandis que la Russie, en 1917, a, pour la soutenir, la seconder, l'aider à vaincre, les démocraties du monde entier.

Certes, nous ne sommes pas de ceux qui ne veulent point voir les fautes, les faiblesses, les misères de la Révolution russe. A ne regarder les choses qu'en surface, elle se débat en pleine anarchie. Ce qui était n'est plus. Ce qui sera n'est pas encore. L'armure de l'ancien régime est tombée, laissant à découvert des plaies sans nombre. L'œuvre constructive du régime nouveau reste à accomplir, avec cette circonstance aggravante que l'on est en guerre.

Mais, si grandes que soient les difficultés, si redoutables que soient les périls de l'heure présente, ils ne doivent pas faire perdre de vue ce résultat essentiel : pour la première fois, depuis des siècles qu'a commencé son histoire, un peuple de 180 millions d'âmes, délivré de la plus sanglante, de la plus corrompue, en même temps que de la plus brutale des tyrannies, respire enfin, à pleins poumons, le grand air pur de la liberté.

Et cette liberté, si longtemps attendue, si chèrement payée par le supplice de tant de milliers de martyrs, est une telle conquête, un tel bienfait qu'à moins de désespérer de la nature humaine, on ne saurait douter que, pour la défendre, le peuple russe ne fasse un effort comparable à celui que sut faire, en 1793, le peuple français.

Nous ne saurions assez le redire, en effet, les deux époques présentent des analogies saisissantes, avec cette différence que la Révolution russe brûle les étapes, et qu'elle compte par semaines ou par jours, au lieu de compter par années.

C'est ce que nous disions, le soir même de notre départ, dans la dernière conversation que nous eûmes avec Kerensky, Teretschenko, le prince Lvoff et d'autres membres du Gouvernement provisoire.

Le ministre des Affaires étrangères nous recevait chez lui, dans un de ces palais ministériels qui bordent la Néva. Il était 11 heures du soir, mais le ciel, par cette nuit de juin, était encore tout rose des derniers reflets du soleil. Devant nous, de l'autre côté de la rivière, nous découvrions la forteresse Pierre-et-Paul, avec le drapeau rouge sur l'éperon de ses remparts.

Sturmer, Protopopoff, Soukhomlinoff, les ministres déchus, étaient là, attendant qu'on les juge. Sur notre balcon, au contraire, il y avait des hommes, aujourd'hui les maîtres de l'heure, qui, quatre mois auparavant, étaient prisonniers, sur l'autre rive. Chassé-croisé prodigieux : ceux qui étaient dans les palais, enfermés dans la prison ; ceux qui étaient dans la prison, installés dans les palais. Et, en même temps, d'autres — Tseretelli, par exemple — revenaient de Sibérie, tandis que le Tsar allait être déporté, à son tour, vers la terre d'exil.

Faut-il s'étonner qu'après une telle subversion, un tel renversement de la table des valeurs politiques et sociales, le désarroi des premiers temps ait permis à l'ennemi de prendre ses avantages, de tirer profit de l'inévitable désordre consécutif de la Révolution ? L'étonnant au contraire, c'est que ses avantages n'aient pas été plus grands, son action plus décisive. Il a tardé. Il a hésité. Il s'est mépris, une fois de plus, sur ce que pourraient ses adversaires. Il a laissé à la Révolution russe, pour se ressaisir, un temps précieux, dont nous voulons croire qu'elle saura profiter.

Et, s'il en est ainsi, qu'importent les revers, les épreuves, même les désastres qui accompagnent, qui ont toujours accompagné, les grandes genèses révolutionnaires ! La liberté russe lutte encore, par le fer et par le feu, pour son existence même. Elle doit se défendre, à la fois, contre les menaces de la dictature, les périls de l'anarchie, les ravages de l'invasion. Elle semble, à première vue, n'avoir engendré que le chaos. Soit; mais sachons ne pas oublier ce mot admirable de Nietzsche : « Il faut du chaos, pour que, de ce chaos, jaillissent des étoiles nouvelles. » Il faut du chaos, pour que naissent des mondes nouveaux.

TABLE DES MATIÈRES

NANCY, IMPRIMERIE BERGER-LEVRAULT — NOVEMBRE 1917

LIBRAIRIE MILITAIRE BERGER-LEVRAULT

PARIS, 5-7, rue des Beaux-Arts — rue des Glacis, 18, NANCY

PAGES D'HISTOIRE 1914-1917

Série de volumes in-12

HONORÉE DE SOUSCRIPTIONS DU MINISTÈRE DE L'INSTRUCTION PUBLIQUE
DU MINISTÈRE DE LA MARINE ET DU GOUVERNEMENT BELGE

1. **Le Guet-apens.** *23, 24 et 25 juillet 1914* . . . . 40 c.
2. **La Tension diplomatique.** *Du 25 juillet au 1er août 1914* . . . . 60 c.
3. **En Mobilisation.** *2, 3 et 4 août 1914* . . . . 60 c.
4. **La Journée du 4 août 1914** . . . . 60 c.
5. **En Guerre.** *Du 5 au 7 août 1914* . . . . 60 c.
6. **Les Communiqués officiels depuis la déclaration de guerre.** — I. *Du 5 au 14 août 1914* . . . . 60 c.
7. — II. *Du 15 au 31 août 1914* . . . . 60 c.
8. — III. *Du 1er au 30 septembre 1914* . . . . 60 c.
9. **Extraits du « Bulletin des Armées de la République ».** — **I. Les Premiers-Paris.** *Du 15 août au 3 septembre 1914* . . . 60 c.
10. — **II. Les Premiers-Bordeaux.** *Du 4 sept. au 21 octobre 1914*. 60 c.
11. **A l'Ordre du Jour.** — I. *Du 8 août au 18 septembre 1914* . . . 60 c
12. **Les Communiqués officiels.** — IV. *Du 1er au 31 octobre 1914*. 60 c.
13. **A l'Ordre du Jour.** — II. *Du 19 au 29 septembre 1914* . . . . . 60 c.
14. — III. *Du 2 au 14 octobre 1914* . . . . 60 c.
15. **Le Livre bleu anglais** (*23 juillet-4 août 1914*). . . . . 60 c.
16. **A l'Ordre du Jour.** — IV. *Du 15 au 26 octobre 1914* . . . . . . 60 c.
17. — V. *Du 28 octobre au 1er novembre 1914* . . . . 60 c.
18. **Les Communiqués officiels.** — V. *Du 1er au 30 novembre 1914*. 60 c.
19. **A l'Ordre du Jour.** — VI. *Du 6 au 10 novembre 1914* . . . . . 60 c.
20. **Le Livre gris belge** (*24 juillet-29 août 1914*). . . . . 60 c.
21. **Le Livre orange russe** (*10/23 juillet-24 juillet/6 août 1914*) . . . 60 c.
22. **Le Livre bleu serbe** (*16/29 juin-3/16 août 1914*). . . . . 60 c.
23. **La Séance historique de l'Institut de France.** Préface de M. H. Welschinger, de l'Institut. . . . . 60 c.
24. **Extraits du « Bulletin des Armées de la République ».** — **III. Les Premiers-Bordeaux.** *Du 24 oct. au 9 décembre 1914*. 60 c.
25. **Le Livre blanc allemand** (*24 juillet-2 août 1914*) . . . . 60 c.
26. **Les Communiqués officiels.** — VI. *Du 1er au 31 déc. 1914* . . 60 c.
27. **L'Allemagne et la Guerre,** par Emile Boutroux, de l'Académie Française . . . . 40 c.
28. **La Folie allemande.** *Documents allemands,* par Paul Verrier, chargé de cours à la Sorbonne. . . . . 30 c.
29. **La Journée du 22 décembre 1914** (*Rentrée des Chambres*). Préface de M. H. Welschinger, de l'Institut . . . . 60 c.
30. **La Chronologie de la Guerre.** *Du 31 juillet au 31 décembre 1914* par S. R. . . . . 40 c.

1917. — L. 30. — 50.000

PAGES D'HISTOIRE 1914-1917 (*Suite*)

31. **A l'Ordre du Jour.** — VII. *Du 11 au 21 novembre 1914* . . . . 60 c.
32. **Le « 75 ».** *Notions sur le canon de 75*, par Th. SCHLŒSING fils, membre de l'Institut . . . . 40 c.
33. **A l'Ordre du Jour.** — VIII. *Du 22 au 25 novembre 1914* . . . 60 c.
34. **Les Neutres. — Les Allemands en Belgique (Louvain et Aerschot).** *Notes d'un témoin hollandais*, par L.-H. GRONDIJS. 60 c.
35. **Les Communiqués officiels.** — VII. *Du 1er au 31 janvier 1915*. 60 c.
36 et 37. **Les Neutres. — Voix américaines sur la guerre de 1914.** Articles traduits ou analysés par S. R. — I et II. Chacun. 60 c.
38. **Le second Livre orange russe** (*19 juillet/1er août-19 octobre/1er novembre 1914*) . . . . 60 c.
39. **Le Front.** *Atlas dépliant de 32 cartes en six couleurs.* (Août-décembre 1914.) Préface du général CHERFILS . . . . 90 c.
40. **Paroles allemandes.** Préface de l'abbé E. WETTERLÉ, ancien député de Ribeauvillé (Haut-Rhin) au Reichstag . . . . 90 c.
41. **Les Poètes de la Guerre.** *Recueil de poésies parues depuis le 1er août 1914.* Préface en vers de Hugues DELORME . . . . 75 c.
42. **Les Communiqués officiels.** — VIII. *Du 1er au 28 février 1915*. 60 c.
43. **A l'Ordre du Jour.** — IX. *Du 26 novembre au 1er déc. 1914* . . 60 c.
44. **La Haine allemande** (*Contre les Français*), par Paul VERRIER, chargé de cours à la Sorbonne . . . . 40 c.
45. **Les Communiqués officiels.** — IX. *Du 1er au 31 mars 1915* . . 60 c.
46. **Les Neutres. — La Suisse et la Guerre** . . . . 60 c.
47. **Le Livre rouge austro-hongrois** (*29 juin-24 août 1914*) . . . . 90 c.
48. **Les Campagnes de 1914**, par CHAMPAUBERT. Avec 23 cartes . 60 c.
49. **Les Communiqués officiels.** — X. *Du 1er au 30 avril 1915* . . 60 c.
50. **Nos Marins et la Guerre.** — I. . . . . 60 c.
51. **Le second Livre bleu anglais** (*Turquie, 3 août-4 nov. 1914*). 90 c.
52. **A l'Ordre du Jour.** — X. *Du 2 au 7 décembre 1914* . . . . . 60 c.
53. **Les Communiqués officiels.** — XI. *Du 1er au 31 mai 1915* . . 60 c.
54. **Les Neutres. — Les Dessous économiques de la Guerre**, par Christian CORNÉLISSEN, économiste hollandais. Préface de Charles ANDLER, professeur à la Sorbonne . . . . 60 c.
55. **Le Livre vert italien** (*9 décembre 1914-4 mai 1915*) . . . . . . 90 c.
56. **A l'Ordre du Jour.** — XI. *Du 8 au 11 décembre 1914* . . . . 60 c.
57. **Les Volontaires étrangers enrôlés au service de la France en 1914-1915**, par M.-C. POINSOT . . . . 60 c.
58. **L'Organisation du Crédit en Allemagne et en France**, par André LIESSE, membre de l'Institut . . . . 90 c.
59. **A l'Ordre du Jour.** — XII. *Du 11 au 13 décembre 1914* . . . . 60 c.
60. **A l'Ordre du Jour.** — XIII. *Du 14 au 28 décembre 1914* . . . . 60 c.
61. **Les Communiqués officiels.** — XII. *Du 1er au 30 juin 1915* . . 60 c.
62. **La Vie économique en France pendant la guerre actuelle**, par Paul BEAUREGARD, membre de l'Institut . . . . . . 40 c.
63. **L'Œuvre de la France.** Articles traduits du journal *The Times*. Avec 1 carte. . . . . 40 c.

PAGES D'HISTOIRE 1914-1917 (*Suite*)

64. **La Guerre et les Monuments.** *Cathédrale de Reims, Ypres, Louvain, Arras,* par Lucien Magne. Avec 32 illustrations . . . 1 fr.
65. **Les Origines historiques de la guerre,** par Gabriel Arnoult, docteur en droit. Avec 4 cartes . . . . 40 c.
66. **Du Rôle de la Physique à la guerre. De l'Avenir de nos Industries physiques après la Guerre,** par J. Violle, membre de l'Institut. Avec 26 figures . . . . 75 c.
67. **Le Livre jaune français** (*17 mars 1913-4 septembre 1914*). . . . 90 c.
68. **Chronologie de la Guerre.** *Du 1er janvier au 30 juin 1915,* par S. R. . . . . 60 c.
69. **Les Communiqués officiels.** — XIII. *Du 1er au 31 juillet 1915.* 60 c.
70. **A l'Ordre du Jour.** — XIV. *Du 29 décembre 1914.* Avec la *Liste alphabétique des noms cités du 8 août au 29 décembre 1914* . . . 90 c.
71. **Les Pages de Gloire de l'Armée belge.** *De la Gette à l'Yser. A Dixmude,* par le commandant Willy Breton, de l'armée belge. Avec 4 cartes . . . . 60 c.
72. **Chants de Soldats (1525-1915).** *Chansons populaires. Chants militaires. Hymnes nationaux. Sonneries.* (Avec la musique.) Recueillis par A. Sauvrezis . . . . 1 fr.
73. **Le Livre bleu anglais. Documents complémentaires** (*20 juillet-1er septembre 1914*). . . . . 60 c.
74. **Voix italiennes sur la Guerre de 1914-1915.** . . . . 60 c.
75. **Les Neutres. — Voix américaines sur la Guerre de 1914-1915.** Articles traduits ou analysés par S. R. — III. . . . . . . 60 c.
76. **Les Neutres. — Voix espagnoles.** Préface de Gomez Carrillo. 60 c.
77. **Les Communiqués officiels.** — XIV *Du 1er au 31 août 1915.* 60 c.
78. **L'Anniversaire de la Déclaration de guerre** (*4 août 1914-4 août 1915*). Préface de M. H. Welschinger, de l'Institut . . . 60 c.
79. **Paroles françaises.** *Hommes d'État. Hommes politiques. Diplomates. Publicistes* . . . . 60 c.
80. **Paroles françaises.** *L'Institut de France. L'Université. Les ministres des cultes. Les chefs militaires. Le Président de la République.* . . . . 60 c.
81. **Les Communiqués officiels.** — XV. *Du 1er au 30 sept. 1915.* . 60 c.
82. **Mines et Tranchées,** par Henry de Varigny. Avec 5 figures. 60 c.
83. **Nos Marins et la Guerre.** — II. *Du 3 avril au 14 août 1915.* 60 c.
84. **Les Alsaciens-Lorrains en France pendant la Guerre** . . 60 c.
85. *La Diplomatie française.* **L'Œuvre de M. Delcassé,** par Georges Reynald, sénateur. Avec portrait . . . . 60 c.
86. **Les Communiqués officiels.** — XVI. *Du 1er au 31 octobre 1915.* 60 c.
87. **Les Terres meurtries,** par A. de Pouvourville. Avec 7 cartes. . 60 c.
88. **Documents authentiques sur le complot austro-allemand aux États-Unis,** présentés aux deux Chambres du Parlement britannique. 1916 . . . . 60 c.
89. **Les Communiqués officiels.** — XVII. *Novembre-décembre 1915.* 90 c.
90. **Les Neutres. — Voix américaines sur la Guerre de 1914-1916.** Articles traduits ou analysés par S. R. — IV. . . . 60 c.

PAGES D'HISTOIRE 1914-1917 (*Suite*)

91. La Prospérité économique de l'Allemagne. *Sa « Place au soleil » et la Guerre,* par Gaston CADOUX. 1916 . . . . 40 c.

92. Les Derniers Massacres d'Arménie. *Les Responsabilités,* par Herbert Adams GIBBONS. 1916. . . . . 40 c.

93. Le second Livre blanc allemand (Documents sur l'explosion de la Guerre). *Essai critique et notes sur l'altération officielle des documents belges,* par Fernand PASSELECQ. Avec fac-similés . . . 1 fr.

94. Chronologie de la Guerre. 3e volume (*1er juillet-31 décembre 1915*), par S. R. . . . . 90 c.

95. Les Neutres. — Voix de l'Amérique latine. Préface de Gomez CARRILLO : *Le Péril allemand dans l'Amérique latine.* . . 75 c.

96. Problèmes de Guerre. *Le Droit de la Guerre, autrefois et aujourd'hui. Comment on paie en temps de guerre,* par ALGLAVE, professeur à la Faculté de Droit de Paris. . . . . 75 c.

97. Les Communiqués officiels. — XVIII. *Janvier-février 1916*. . 90 c.

98. La Guerre aérienne. *Le Rôle de la cinquième Arme,* par G. GROUVEZIER. Avec 24 illustrations . . . . 90 c.

99. La Conquête de l'Autriche-Hongrie par l'Allemagne. *Une nouvelle forme de Pangermanisme : le « Zollverein »,* par Adrien BERTRAND. . . . . 60 c.

100. Deuxième Livre gris belge. *Correspondance diplomatique relative à la guerre de 1914-1916* 1f 25

101. Le Nerf de la Guerre. *Les Ressources de la défense nationale,* par G. CERFBERR DE MÉDELSHEIM, chef des bureaux du service des émissions de la défense nationale. Avec 3 gravures. . . . 1f 50

102. La Réponse du Gouvernement belge au Livre blanc allemand du 10 mai 1915. *Étude analytique de la publication officielle du Gouvernement belge,* par Fernand PASSELECQ, directeur du Bureau documentaire belge . . . . . . 60 c.

103. La Bataille marocaine. *L'Œuvre du général Lyautey,* par Ernest VAFFIER . . . . 60 c.

104. Les Communiqués officiels. — XIX. *Mars-avril 1916* . . . . 90 c.

105. L'Effort de la France. Préface par Alfred CROISET, membre de l'Institut. . . . . 60 c.

106. Le Développement économique de l'Allemagne contemporaine (1871-1914), par Albert PINGAUD, consul général de France. . . . . 75 c.

107. Explosions et Explosifs, par Henry DE VARIGNY . . . . . . 75 c.

108. Les Forces économiques des puissances belligérantes avant la guerre, par B. FAYOLLE, ingénieur . . . . 60 c.

109. Les Chansons de la Guerre. Rondeau-préface de Hugues DELORME 1f 25

110. Les Emprunts de Guerre de l'Allemagne, par A. LIESSE, membre de l'Institut . . . . 60 c.

111. Les Communiqués officiels. — XX. *Du 1er mai au 30 juin 1916*. 90 c.

112. L'Esprit français. Les Caricaturistes. Préface d'Arsène ALEXANDRE . . . . 2 fr.

PAGES D'HISTOIRE 1914-1917 (*Suite*)

113. **Les Communiqués officiels.** — XXI. *Juillet 1916* . . . . . . 90 c.

114. **Chronologie de la Guerre.** — IV. *Du 1er janvier au 30 juin 1916*, par S. R. 1f 25

115. **Les Communiqués officiels.** — XXII. *Août 1916* . . . . 90 c.

116. **Leurs Crimes,** *d'après les rapports officiels des Gouvernements français et belge*, par L. Mirman, préfet de Meurthe-et-Moselle, G. Simon, maire de Nancy, et G. Keller, maire de Lunéville. Publié sous le patronage des maires des villes martyres . . . 60 c.

117. **Deuxième Livre jaune français. Lille 1916.** *Conduite des autorités allemandes à l'égard des populations des départements français occupés par l'ennemi.* Préface de Henri Welschinger, de l'Institut . . . . 75 c.

118. **Les Communiqués officiels.** — XXIII. *Septembre 1916* . . . . 90 c.

119. **Autres Chants de Soldats (1200-1916).** *Chansons populaires. Chansons de route. Chants historiques et militaires.* Recueillis par A. Sauvrezis 1f 25

120. **Deuxième Livre bleu serbe, 1916,** sur les violations du droit des gens commises par les autorités allemandes, autrichiennes et bulgares dans les territoires serbes occupés . . . . 75 c.

121. **Les Communiqués officiels.** — XXIV. *Octobre 1916* . . . . . 90 c.

122. **Les Commandements de la Patrie.** Discours prononcé à l'Institut au nom de l'Académie Française (Séance publique des cinq Académies, 25 octobre 1916), par Paul Deschanel . . . . 50 c.

123. **Les Communiqués officiels.** — XXV. *Novembre 1916* . . . . 75 c.

124. **La Hollande et la Guerre,** par Louis Piérard . . . . 75 c.

125. **Les Communiqués officiels.** — XXVI. *Décembre 1916* . . . . 60 c.

126. **La Course à la Mer et la bataille des Flandres** (*Septembre-novembre 1914*), par René Puaux. Avec 10 cartes . . . . 75 c.

127. **Les Communiqués officiels.** — XXVII. *Janvier 1917* . . . . . 60 c.

128. **Chronologie de la guerre.** 5e volume (*1er juillet-31 décembre 1916*), par R. S. 1f 75

129. **Pour avoir la Paix. La Manœuvre allemande.** Préface de Georges Reynald, sénateur de l'Ariège, secrétaire de la Commission des Affaires étrangères . . . . 1 fr.

130. **Les Sous-marins,** par J. Hutter, ingénieur en chef de la Marine. 90 c.

131. **Les Communiqués officiels.** — XXVIII. *Février-mars 1917.* 1f 25

132. **Les Dévastations allemandes dans les départements envahis.** *Mars-avril 1917.* Préface de Henri Welschinger, de l'Institut de France. Avec 4 photographies. 1f 25

133. **Les Communiqués officiels.** — XXIX. *Avril 1917.* . . . . . . 90 c.

134. **L'Alsace-Lorraine sous le joug qui se brise...,** par Émile Hinzelin. . . . . 60 c.

135. **Histoire de la Révolution russe (1905-1917),** par S. R., membre de plusieurs sociétés savantes. 1f 25

136. **Les Communiqués officiels.** — XXX. *Mai 1917.* . . . . 90 c.

137. **Leurs Buts de guerre.** Documents réunis et publiés par G. Pariset, professeur à l'Université de Nancy. 1f 50

LIBRAIRIE MILITAIRE BERGER-LEVRAULT

PARIS, 5-7, rue des Beaux-Arts — rue des Glacis, 18, NANCY

PAGES D'HISTOIRE 1914-1917 (*Suite*)

138. **La Vérité sur les Déportations belges.** *Etude historique et économique*, par Fernand PASSELECQ, directeur du Bureau documentaire belge au Havre. Discours-préface de Emile VANDERVELDE, membre du Conseil des ministres de Belgique. **1 fr.**

139. **Le Traitement des Plaies de guerre**, par A. SARTORY, professeur agrégé à l'École supérieure de Pharmacie de Paris. Avec planches en noir et en couleurs . . . . **2 fr.**

140. **Pourquoi nous nous battons**, par le Général PÉTAIN, Ernest LAVISSE, de l'Acad. Française, et A. RIBOT, président du Conseil. **60 c.**

141. **Les Communiqués officiels.** — XXXI. *Juin 1917* . . . . **90 c.**

142. **Chronologie de la Guerre.** 6e volume (*1er janvier-30 juin 1917*), par S. R. . . . . **3 fr.**

143. **Le Retour de l'Alsace-Lorraine à la France**, par Henri WELSCHINGER, de l'Institut de France **1f25**

Il est tiré de chaque volume des *Pages d'Histoire* 55 exemplaires numérotés à la presse : Nos 1 à 5 sur papier Japon à. . . . . . . **5 fr.**
6 à 55 sur papier de Hollande à . . **3 fr. 50**

La collection des *Pages d'Histoire* comprend jusqu'à présent, entre autres, les séries de volumes ci-après :

Les Communiqués officiels du Gouvernement français. — 32 volumes.
Les Livres diplomatiques. — 18 volumes.
Les Voix des Neutres. — 9 volumes.
Histoire de la Guerre. — 32 volumes.
Les Aspects juridiques, économiques, financiers et scientifiques de la Guerre. — 16 volumes.
La Littérature et la Guerre. — 12 volumes.

CARTONS D'EMBOITAGE

permettant de relier soi-même les différentes séries des PAGES D'HISTOIRE

Il a été établi, pour la collection des **PAGES D'HISTOIRE**, des cartons d'emboîtage correspondant aux différentes séries de la collection.

Ces emboîtages, très élégants, en demi-percaline, avec caoutchoucs intérieurs pour fixer les fascicules, portent au dos, gaufrés en or, les titres de séries, ainsi que l'énumération, nom d'auteur et titre des fascicules entrant dans chaque emboîtage. Le classement des fascicules ainsi établi, outre qu'il donnera à la collection un aspect des plus élégants, assurera surtout la rapidité et la facilité des recherches.

Les 23 emboîtages suivants sont déjà établis :

Titre de série.	Nombre d'emboîtages.	Titre de série.	Nombre d'emboîtages.
Communiqués officiels.	5	Voix américaines	1
A l'ordre du jour	3	Voix de neutres.	1
Pourparlers diplomatiques. . . .	4	Questions économiques	1
Opérations militaires.	1	Poèmes et chansons de la guerre	1
Technique de guerre.	1	Histoire de la guerre	2
Paroles françaises.	1	Les Journées historiques.	1
L'Allemagne et la guerre	1		

Nous continuerons par la suite, au fur et à mesure de la parution des fascicules, à créer les emboîtages de séries correspondants. La collection des **Pages d'Histoire** sera ainsi entièrement reliée.

Prix de chaque emboîtage . . . . **1 fr. 25**
Prix d'ensemble pour les 23 emboîtages déjà établis. . . **25 fr.**

Du même Auteur

La Belgique envahie et le Socialisme international. Préface de Marcel SEMBAT. 7e édition. 1918. Volume in-12, avec portrait de l'auteur. . **3 fr. 50**

Histoire de la Révolution russe, 1905-1917, par S. R., membre de plusieurs sociétés savantes. 1917. Volume in-12 . . . . **1 fr. 25**

Le Livre orange russe *(10/23 juillet-24 juillet/6 août 1914).* Volume in-12. . . . . **60 c.**

Le second Livre orange russe *(19 juillet/1er août-19 octobre/1er novembre 1914).* Volume in-12 . . . . **60 c.**

Sur le Front russe, par STANLEY WASHBURN, correspondant de guerre du *Times* près les armées russes. Traduit de l'anglais par Paul RENEAUME. 1916. Volume in-8, avec 25 photographies hors texte de MEWES . . . . . **3 fr. 50**

Prisonniers civils en Allemagne. *Impressions de captivité à Bad Hombourg,* par N.-P. KARABTCHEWSKY, avocat à la Cour de Petrograd. Traduit du russe. 1917. Volume in-12 . . . . **3 fr. 50**

Essai sur les Nationalités, par J. de MORGAN, ancien directeur général des Antiquités de l'Égypte, ancien délégué général en Perse du ministère de l'Instruction publique. 1917. Volume in-8. . . . . **3 fr.**

Les Turcs ont passé par là!... *Journal d'une Américaine pendant les massacres d'Arménie,* par Hélène DAVENPORT GIBBONS. Avec une préface de THIÉBAULT-SISSON. 1918. Volume in-12, avec 3 portraits hors texte . **3 fr. 50**

Les Derniers Massacres d'Arménie. *Les Responsabilités,* par Herbert Adams GIBBONS. Traduit de l'anglais. 1916. Volume in-12 . . . . . . **40 c.**

La Serbie d'hier et de demain, par Nikola STOYANOVITCH, député à la Diète de Saraïevo. Préface d'André TARDIEU. 1917. Volume in-12. **3 fr. 50**

L'Épopée serbe. *L'Agonie d'un Peuple,* par Henri BARBY, correspondant du *Journal.* 1916. Volume in-12, avec 20 illustrations hors texte et 1 carte. **3 fr. 50**

Le Livre bleu serbe. *Négociations ayant précédé la guerre.* Volume in-12. **60 c.**

Deuxième Livre bleu serbe. *Note sur les violations du droit des gens commises par les autorités allemandes, autrichiennes et bulgares dans les territoires serbes occupés.* 1917. Volume in-12 . . . . **75 c.**

La Serbie économique et commerciale, par René MILLET, ancien ministre de France en Serbie. Avec le concours du marquis H. DE TORCY. 1889. Volume in-8, avec 2 cartes, broché. **5 fr.**

Le Royaume de Monténégro, par M.-C. VERLOOP, membre correspondant de la Société de Géographie de Lisbonne. 1911. Volume grand in-8, avec une carte, broché. . . . . **3 fr.**

Les Lauriers de la Montagne (Gorski Viyénatz), par PIERRE II PÉTROVITCH-NIÉGOCH. Traduit du serbe par DIVNA VÉKOVITCH. Préface de Henri DE RÉGNIER, de l'Académie Française. 1917. Volume in-16 jésus. . . **3 fr. 50**

Face aux Bulgares. *La Campagne française en Macédoine serbe. Récits vécus d'un officier de chasseurs à pied (octobre 1915-janvier 1916),* par Henri LIBERMANN. Préface de Paul MARGUERITTE, de l'Académie Goncourt. 1917. Volume in-12 . . . . **3 fr. 50**

NANCY, IMPRIMERIE BERGER-LEVRAULT

www.ingramcontent.com/pod-product-compliance
Ingram Content Group UK Ltd.
Pitfield, Milton Keynes, MK11 3LW, UK
UKHW012027240726
13965UKWH00002B/618